Achim Schwarze

Beim nächsten KRACH wird alles anders!

Eine Anleitung zum gekonnten Streit für Liebende, Streitende und Frischversöhnte

Total illustriert von Rolf Kutschera

Eichborn Verlag

Als Humorberater wirkte bis an die Grenze des Vorstellbaren mit: Norbert Troche.

Umschlaggestaltung: Uwe Gruhle unter Verwendung einer Illustration von Rolf Kutschera.
Gesamtherstellung: Fuldaer Verlagsanstalt.
ISBN 3-8218-2187-6

Verlagsverzeichnis schickt gern:
Eichborn Verlag, Hanauer Landstr. 175, D-6000 Frankfurt 1

INHALT

ANLEITUNG ZUR PERSÖNLICHEN WIDMUNG 7

VOM NUTZEN DES KRACHS 11
Ehekrieg – der Vater aller Dinge 12
Hitparade der schlimmsten und häufigsten Fehler beim Krach 13

DAS MENSCHENMATERIAL BEIM EHEKRACH – WER KRACHT WIE? 14
Phegmatiker 14
Choleriker 14
Melancholiker 15
Streithennen und -hähne 16

ANFANGEN 17
Der optimale Zeitpunkt 17
Ehekrach vom Reißbrett – geschmacklos? 19
Besondere Krachtage 19
Allgemeine Bestzeiten 19
Ideale Zeitpunkte bei Frauen 19
Ideale Zeitpunkte bei Männern 19
Angefangen hat immer der andere 21
Der grundlose Streit 22

DIE SCHÖNE WELT DER PROVOKATIONEN 23
Mißverständnisse 23
Unterstellungen 25
Fakten und Besserwissen 25
Nörgelei und Selbstmitleid 26
Spott und Alberei 27
Allgemeine menschliche Kälte 28
Wunde Punkte 28
Stichelei 29
Persönlich werden 30
Dick- und Trotzkopf 30
Unlogische Verknüpfung 31
Absichtliche rhetorische Verdrehung und Demagogie 33
Einsatz der Gentechnik 34

DIE SCHÖNSTEN UND BEWÄHRTESTEN VORWÜRFE 35
Dein minderwertiger Charakter 35

Rücksichtslosigkeit 38
Der falsche Umgang 39
Egoismus 39
Das liebe Geld 40
Karriere und Beruf 40
Unheilbare Partner 41
Doofheit 42
Kleinkariertheit und gespaltene Haare 42

KLASSISCHE STREITGRÜNDE 44
Eifersucht 44
Allgemeine, ständige, undifferenzierte Geilheit 45
Untreue 45
Eigentumsdelikte 46
Bruch von Versprechen 48
Beim Lügen ertappt 49
Unpünktlichkeit 50
Die lieben Kleinen 51

DIE SCHÖNSTEN KULISSEN 53
Krach im Badezimmer 53
Krach im Schlafzimmer 55
Die Frau ist scheiße im Bett 56
Der Mann ist scheiße im Bett 56
Der Krach vor dem Fernseher 58
Im Auto 59
Im Urlaub 61
Vor Gästen im Wohnzimmer 61
Gesellschaftliche Anlässe 63
Partythemen 63
Restaurant und Kneipe, sonstige Öffentlichkeit 64
Kino 64

DER INDIREKTE STREIT 66
Sich selbst einschließen 66
Aussperrung 67
Fernmündliche Streitformen 68
Briefe und Pinwand 69

SO BEREITET SICH DER KENNER VOR 70
Terminplanung für Fortgeschrittene 70
Vorbereitungen, die man gern vergißt 71
Was man zur Sicherheit in Sicherheit bringen sollte 72

SPEZIELLE PAARUNGEN UND DEREN BESONDERHEITEN 73
Krach in der katholischen Ehe 73
Streit in der ganz, ganz offenen Ehe 73
Krach in der Mischehe 74
Krach bei Reichen 75
Krach bei Alternativen 76
Krach bei Kleinbürgern 77
Krachtips für Leute mit unterdurchschnittlicher Intelligenz 78

DIE FEINHEITEN DER ZERSTÖRUNGSWUT 79
Erste Hilfe 79
Zerstörungsorgien, Vernichtungsräusche 79
Unantastbare Güter 80
Schnödes Wegschmeißen 81
Sachen verstecken 81
Spezialwerkzeuge 81
Versicherungsmäßige Abwicklung von Krachschäden 82

DER SOUNDTRACK ZUM KRACH 83
Rücksicht auf die Nachbarn 83
Optimale Klangwirkung 83
Methode 1: Klassik-Fans 83
Methode 2: Hardrock-Fans 84
Brüllen – aber richtig 84
Wie man den anderen lauter stellt 86
Lautstärke und Satzbau 86
Druck auf die Tränendrüse 87
Schöne Erinnerungen 88

WAFFEN UND THEATERDONNER 90
Mildernde Umstände 90
Geht es auch ohne Blutrache? 91

DIE SCHÖNSTEN DROHUNGEN 92
Rückzahlung in gleicher Münze 92
Verrat 92
Fallenlassen der Kartoffel 92
Blamage 93
Pleite 93
Trennung 94
Kein Sex mehr 94
Pfänderspiele – prophylaktische Beschlagnahmen 94

DIE SCHÖNSTEN SACHKLÄNGE BEIM KRACH ... 96
Türen ... 96
Schläge ... 97
Feuerwaffen ... 97
Schreiende Kinder ... 98
Geschirr und Glas ... 99
Zerreißen von Dokumenten ... 100
Knisterndes Feuerchen ... 101

PATHETISCHE KULTHANDLUNGEN ... 102
Der ganz, ganz große Monolog ... 102
Rückgabe ... 103
Rückforderungen ... 104

DIE KUNST DER ZERMÜRBUNG ... 105
»Ruf doch mal an!« – Telefonterror ... 105
Verfolgen ... 106
Der Einsatz von PR und Medien ... 106

SO BEENDET MAN EINEN KRACH ... 108
Der Krach mit Überlänge ... 108
Nicht ganz 50 ways to leave your lover ... 109
Vorteile der Trennung ... 110

DIE HOHE SCHULE DES NACHGEBENS ... 111
Großzügig nachgeben? ... 111
Läuterung und Schmus ... 111
Die Kunst der Entschuldigung ... 112
Freut sich der Dritte? ... 112
Kuhhandel ... 113

GESCHENKE UND VERSPRECHUNGEN ... 114
Menschenopfer ... 114
Konventionelle Geschenke ... 114
Besonders preisgünstige Versöhnungsgeschenke ... 115
Komplimente ... 116
Versprechungen ... 116

DER GROSSE MOMENT DER VERSÖHNUNG ... 117
Die überraschende Versöhnung ... 117
Die genau getimete Versöhnung ... 117
Kondome schützen ... 118
Stimmungsträger und die Praktiken des Vorspieles ... 118

ANLEITUNG ZUR PERSÖNLICHEN WIDMUNG

Sollte dies Buch ein Geschenk an den geliebten Partner sein, so kreuzen Sie bitte bei der persönlichen Widmung an:

☐ **Danke dafür, daß du nie so bist.**

☐ **Ein bißchen Pfeffer kann manchmal nicht schaden!**

☐ **Das kann uns zum Glück nicht passieren!**

☐ **Andere sind noch schlimmer!**

☐ **Ich mag/liebe dich trotzdem**[1]

☐ **Verzeihst du mir nochmal?**

☐ **Das kennen wir doch irgendwoher ... – oder?**

☐ **Vergiß nicht: Du hast versprochen, daß jetzt alles anders wird!**

☐ **Ich verspreche dir, daß alles anders wird.**

Sollte dies Buch ein Geschenk an einen Freund oder eine Freundin sein, so kreuzen Sie bitte bei der persönlichen Widmung an:

☐ **Ob uns das auch noch blüht?**

☐ **Bitte erspare mir das alles!**

☐ **Ich bin ganz, ganz anders!**

[1] Unzutreffendes bitte streichen, oder auch Zutreffendes – je nach dem, was mehr Arbeit macht.

Noch ein paar Widmungsvorschläge, sollte dieses Buch ein Geschenk zur Heirat oder Verlobung sein:

☐ **Enttäuscht uns nicht! Gez.: Euer Publikum!**

☐ **Nicht unterkriegen lassen!**

☐ **Nur zur Abschreckung!**

☐ **Ich stehe als Tröster zur Verfügung!**

☐ **Wenn das keine Inspiration ist ...**

Wollen Sie den Eindruck erwecken, Sie hätten sich eine dieser witzigen Widmungen ausgedacht? Suchen Sie sich die besten Aussagen aus unserer Liste heraus und schreiben Sie diese in Ihrer bekannt schwungvollen Kinderschrift auf die nächste Seite. Damit niemand etwas von Ihrer Ideenarmut merkt, reißen Sie diese Seite hier heraus und werfen sie fort.

VOM NUTZEN DES KRACHS

Geschirr fliegt durch die Luft, zwei Menschen sind auf ca. 180 und hauen sich die übelsten Schimpfworte um die Ohren. Sie brüllen und pöbeln mit all der Leidenschaft, zu der Menschen überhaupt imstande sind. Warum? Weil es

gesund ist, weil es Spaß macht, weil es wenig kostet und weil diese Mischung aus Haß und Killerinstinkt auf ihrem Gipfel umschlägt in die Raserei der Versöhnung – hemmungslos und tränenfeucht im Ikea-Bett endet der gelungene Ehekrach mit der Wiedervereinigung.

Kein Wunder, daß immer mehr Paare auf den Geschmack kommen und auf die Frage nach ihrem Hobby antworten: »**Wir fahren beide voll auf Ehekrach ab!**«

Vorwissen, Geld, die Urschrift des Trauscheins[2] oder spezielle Kleidung von Adidas sind nicht unbedingt erforderlich. Nur Ideen brauchen Sie, doch an denen mangelt es in unserer konfliktfeindlichen Konsumgesellschaft. So treffen wir immer wieder unglückliche Menschen, die nicht wissen, worüber sie sich streiten wollen.

Dabei ist die Welt um uns herum voller Anlässe und Vorwände! Krach-Chancen muß man nur nutzen und dann kultivieren lernen. Ein Krach läßt sich vom Zaune brechen, auch wenn man noch gar keinen Zaun besitzt.

Doch wie genau? Rettung naht! In diesem Buch finden Sie alle Tricks, mit denen auch notorische Krachmuffel zur Weißglut gebracht werden können. Endlich ist Schluß mit den kläglichen Versuchen, die nach dem ersten Wortwechsel in friedlicher Gleichgültigkeit versanden.

Viel Spaß bei Ihrem Sprung in ein erfülltes, endlich krachreiches Leben voller aggressiver Kreativität. Und: Werden Sie glücklich durch regelmäßige Ehekräche – Sie **und** Ihr Schatzi!

***

Und nun die eigentliche Einleitung:

Ehekrieg – der Vater aller Dinge

In ergreifenden Worten und ungeheuer vielseitig hat der unsterbliche Ernst Jünger dem Krieg die Vaterschaft für alle Dinge angehängt. Sie werden sich nun fragen[3]: Ja und!? Das Recht haben Sie.

[2] Natürlich zählt ein so fortschrittlicher Autor wie Achim Schwarze auch die Wilde Ehe als Ehe. Letztlich ist auch die von den Eltern gewünschte Ehe-Ehe – also die, die nur der Tod oder ein Gericht scheiden kann – nur eine Ehe auf Probe, solange es Mörder, Richter und noch schärfere Mitmenschen gibt, die sich zum Seitenbesprung eignen. Und selbst in einer Ehe, die von ihren Opfern als »Beziehung« bezeichnet wird, weil das klanglich so gut zu »Lebensgefährten« oder »engeren Bekannten« paßt, kann man sich prima in die Wolle kriegen.

[3] Wer zahlt den Unterhalt?

Hitparade der schlimmsten und häufigsten Fehler beim Krach

Langweilige Themen
Verständnis für den anderen
Sachlichkeit
Guter Geschmack
Mangel an Vorwänden
Miese Krach-Technik

DAS MENSCHENMATERIAL BEIM EHEKRACH – WER KRACHT WIE?

Phlegmatiker

Lasch hängt er in der Ecke und interessiert sich weder für ungerechte Hetztiraden noch für berechtigte Vorwürfe. Dem Phlegmatiker ist alles egal, vieles sogar scheißegal. Am dicken Fell dieses Gemütswesens perlt der Krach ab. Gerade das bringt einen gesunden Menschen auf die Palme. Das weiß der Phlegmatiker genau und genießt es. Wenn Sie einen solchen Partner besitzen, so dürfen Sie die gröbsten Geschütze auffahren und sich an diesem Punchingball abreagieren. Nachteile: Er beteiligt sich nicht an den Aufräumungsarbeiten nach Verwüstung der Wohnung. Warnung: Die blutrünstigsten aller Killer finden sich in dieser Gruppe. Hat Ihr Schlaffi erstmal die Ruhe verloren, sollten Sie sich in Schutzhaft nehmen lassen oder zuerst schießen.

Choleriker

Dieser Typus mit dem niedrigen Siedepunkt streitet gern und unfair, er läßt sich leicht zum Ehekrach provozieren – allein schon wegen seiner angeborenen Rechthaberei. Nachteile: Der Choleriker neigt zur Übertreibung und läßt sich, einmal auf 180, nie innerhalb der werksseitig garantierten Zeiten wieder abstellen. Außerdem verursacht er zu seinem Hirn- vergleichsweise hohe Personen- und Sachschäden.

Melancholiker

Selbstmitleid, Nörgeln, Überinterpretation – so heißen die Stilmittel des Melancholikers, der allein durch seine natürliche Art schon jeden gesunden Partner dazu treiben kann, mit einem Ehekrach anzufangen. Der Melancholiker ist grundsätzlich ein Opfer und verlangt, daß dies respektiert wird. Keine Angst, auch die psychiatrische Behandlung kann dieses Naturell nicht bis zur Krachunfähigkeit verderben.

Streithennen und -hähne

Die natürliche Überlegenheit der Frau in allen Ehezwisten ist der Wissenschaft hinlänglich bekannt. Aufgrund ständiger Übung kann sie besser über ihre Gefühle reden als der Mann und beherrscht das tiefschürfende Vokabular des Psychologiesierens. Auch in der Schauspielkunst kann es der Mann nicht mit ihr aufnehmen.

Den Mann, körperlich meist stärker als eine gleich betrunkene Frau, quält bei allem Gefühl der Überlegenheit kontinuierlich sein schlechtes Gewissen, das nicht einmal einen konkreten Anlaß braucht. Er meint – und würde dies unter keinen Umständen an die Öffentlichkeit dringen lassen –, er meint irgendwo in seinem steinernen Herzen zu verspüren, daß seine Frau eigentlich recht hat mit ihren Vorwürfen:

- Ja, er würde sie sofort für eine gutaussehende andere verlassen, vorausgesetzt, die wäre vergleichbar dumm und willig.
- Ja, er träumt von Sex mit einer willigen Carolin Reiber und der unersätt- und -setzlichen Nicki.
- Ja, ihm fehlt es nur an Gelegenheit.
- Ja, seine Angebetete nutzt er als Putzfrau.

Doch nur eine Person in der Welt darf ihm dies vorhalten – er selbst, und zwar ganz leise.

Der Mann erklärt sich die Überlegenheit seiner Prinzessin in Krachdingen damit, daß sie, im Gegensatz zu ihm, nicht unter einem inneren Zwang zur Logik zu leiden hat. Schließlich ist sie eine Frau ...

ANFANGEN

Am Anfang war das Wort. Und dann gab ein Wort das andere ...

Der optimale Zeitpunkt

Direkt nach der Nachricht vom ganz großen Lottogewinn sind die meisten Menschen ausgesprochen krach-resistent. Sie lassen sich die Laune nicht verderben, sondern verzeihen auch Unverzeihliches großmütig, sie lächeln, trösten und entschuldigen sich sogar.[4] Pech gehabt, Freunde des Ehekrachs!

[4] Versuchen können Sie's trotzdem. Wenn Sie hören: **»Ich laß mir von dir Arschloch doch nicht meine Laune verderben!«**, so sind Sie auf der richtigen Fährte.

Glücklicherweise kommen in den meisten Beziehungen sechs Richtige nicht allzu regelmäßig vor. Völlig regelmäßig hingegen kommen Sie oder Ihr Lebensgefährte von der Arbeit zurück. Beide sind reizbar und versichern sich gegenseitig, einen »**wahnsinnig anstrengenden Tag gehabt**« zu haben, angereichert mit bürotypischen Ungerechtigkeiten, Streß und Frust ganz allgemein. Einer von Ihnen sollte nun »**die Schnauze gestrichen voll von deinem ewigen Selbstmitleid**« haben und sich empört fragen, »**worüber du dich eigentlich beklagen willst?**« Denn, vergleichsweise, »**wenn sich hier jemand über irgendwas beschweren könnte, dann ja wohl eher ich!**«

So? »**Ach ja? Wirklich? Da bin ich aber mal sehr gespannt**«, tönt ironisch die Gegenseite.

Na prima, dann besteht also eindeutig Intresse an längst überfälligen Aufrechnungen. Wer mußte mehr einstecken, wer »**hatte all die Zeit eine Engelsgeduld**«, wer hat immer zugebuttert?

Jeder Krachgrund gewinnt mächtig an Brisanz, wenn der richtige Zeitpunkt gewählt wird, also der möglichst falscheste. Das heißt: Auch die läppischste Streitigkeit wird leicht zum ausgewachsenen Krach, wenn sie mindestens einem der beiden Beteiligten überhaupt nicht in den Kram paßt, weil:

keine Zeit
Streß
angeschlagen
wichtige Gäste oder Zeugen anwesend
schöne Sendung im Fernsehen

Der Ehekrach vom Reißbrett – geschmacklos?

Raffinierte Inszenierung des Krachs und spontanes Übereinanderherfallen bei der Versöhnung danach schließen sich nicht aus. Mancher Ehezwist entfaltet seine köstliche Blume erst dank sorgfältiger, zeitintensiver Vorbereitung:

Besondere Krachtage

Legen Sie sich eine Liste der Tage des Jahres an, die sich für einen Krach ganz besonders eignen: Geburtstage oder Liebesjubiläen kann man mutwillig vergessen. Immer wieder mal sollten Sie eine gemeinsame Aktivität kurzfristig abblasen, auf die sich ihr Herzblatt schon soooo gefreut hatte, weil sie schon soooo lange versprochen und ganz fest eingeplant war. Doch dann unterbleiben Theater, Eisessen, Fahrt ins Blaue bzw. nach Kenia.

Aber auch gähnend langweilige Freizeitphasen können Sie durch eine fetzige Auseinandersetzung sinnvoll überbrücken.

Allgemeine Bestzeiten

Ihr Partner läßt sich besonders willig provozieren während oder nach:

Niederlagen
Enttäuschungen
Pfändung
Zerbrochenen Hoffnungen
Allgemeinem Weltschmerz (= einen »Moralischen« haben)

Ideale Zeitpunkte bei Frauen

Eisprung
Vor der Menstruation
Während der Menstruation
Nach der Menstruation
Nach dem Hausputz

Ideale Zeitpunkte bei Männern

Anschiß von oben
Autounfall (vor allem selbst verschuldeter, wenn Kfz nicht vollkaskoversichert war)
Auto ist abgeschleppt worden

Teeny ließ sich nicht abschleppen
Blick in die Kontoauszüge
Absturz des Computers (natürlich MS-DOS)
Ableben des Rassehundes

Mit anderen Worten: Wenn die Person, mit der sie Tisch und Bett teilen, ohnehin schon reichlich geladen ist, so stocken Sie bis zum Eichstrich auf und bringen ihn oder sie mit ein paar zündenden Sätzen zur Explosion. Liegt das Schatzi angeschlagen am Boden, treten Sie nach – allerdings liebevoll und also wohldosiert.

Angefangen hat immer der andere

Zum Brauchtum der Naturvölker und aller Primitiven überhaupt, also auch der in Ihrer Wohnung, gehört als eines der wichtigsten Rituale des Ehekrachs, daß jeder jede Verantwortung für die Auseinandersetzung weit von sich weist. Warum? Weil der Schuldige immer der Verlierer des Krachs ist und deshalb nachher, wenn es an die Versöhnung geht, dem Unschuldigen sämtliche Wünsche von den Augen ablesen muß, gerade die Wünsche übrigens, die man ganz und gar nicht als unschuldig bezeichnen kann.

Daraus ergibt sich mit zwingender Logik: Den Krach angefangen hat immer der andere! Wenn nicht gerade jetzt, dann »**vorhin**«, also gern auch neulich, z.B. vor Generationen oder unter einem Apfelbaum im Garten Eden.

Sollte der dauerschuldige andere ausnahmsweise einmal nicht **direkt** angefangen haben, so liegt doch auf der Hand: »**Tut mir leid, aber du zwingst mich ja dazu!**« Was Ihre bessere Hälfte allerdings nicht unwidersprochen einsehen wird, besonders wenn es Sie »**all die Jahre, eigentlich bis heute, kein bißchen gestört hat, daß ich ...**«

Tatsächlich könnte es etwas konstruiert klingen, wenn Sie sich beschweren, daß ihr Liebling im gemeinsamen Bett Dritte beherbergt – Sie aber in den vorausgegangenen Monate froh waren, aufgrund dieser Übung von den ehelichen Pflichten etwas entlastet zu sein. Muß da nicht ganz zart eine gewisse Kleinlichkeit mindestens, wenn nicht sogar Streitsucht auf Ihrer Seite vermutet werden? Naja. Trotzdem ist es keine Art, Ihnen zu empfehlen: »**Deine fadenscheinigen, primitiven Vorwände kannst du dir schenken!**« Nein, »**das muß ich mir ja nun wirklich nicht anhören!**« Denn wer ist das Opfer, traditionell und schon immer? Natürlich Sie!

Sie kennen vielleicht das klassische Gleichnis von der Doppelbelastung des Tropfens: erst höhlt er den Stein und dann, nach Feierabend, bringt er auch noch das Faß zum Überlaufen. So liegt auch Ihr Fall. Sie hätten eigentlich schon längst ..., und »**ich verstehe selbst nicht, wie ich solange hatte ertragen konnte, daß du ...**«

Bitte betonen Sie, daß es durchaus für Sie spricht, daß Sie bisher immer Gnade vor Recht ergehen ließen, weil Ihnen nichts zu teuer war zum höheren Wohle des Beziehungserhalts! »**Ich hatte immer gehofft, daß du mit der Zeit ...**«, doch wie immer Fehlanzeige, wohl weil Änderungen bei Von-der-Stange-Ware nicht lohnen.

Sie hatten, **objektiv** gesehen, »**mehr als Grund genug!**« – und zwar zu allem. Die Schuldfrage wäre damit also zu Ihren Gunsten geklärt – bzw. zum Krach-Thema erhoben.

Auch formale Beschwerden sollten immer mal wieder eingestreut werden: »**Ich habe nicht angefangen, du hast mich vor nicht mal einer Minute blöde angemacht, saublöde sogar: Von wegen ich hätte ...**« Hoffentlich hat der andere Lust auf ausgedehnte Beißereien und unterbricht: »**Das ist für dich also ›saublöde Anmache‹, wenn ich mal meine mehr als berechtigten ...**« irgendwas – und: »**Machst du es dir da nicht ein bißchen zu leicht?**« Eigentlich nicht, denn »**du hast schließlich damit angefangen.**« Das wissen wir nun schon.

Der grundlose Streit

Es gibt keinen grundlosen Streit, außer natürlich dem, den Ihr Partner angefangen hat. Grundlos ist der Streit und bodenlos die Frechheit, mit der Ihr ehemals bestes Stück ...

DIE SCHÖNE WELT DER PROVOKATIONEN

Eifersucht oder unverschlossene Zahnpastatube – vorgeschoben darf er sein, aber haben müssen Sie ihn auf alle Fälle: den Grund, an dem Sie den Ehekrach aufhängen. Bevor wir zu den beliebtesten Vorwänden und -würfen kommen, sollten wir den schwierigsten, aber leider gar nicht so seltenen Fall behandeln: Was unternehmen Sie, wenn sich Ihr Gefährte quälend lange so tadellos benimmt, daß Sie ihm (oder ihr) nichts vorwerfen können?

Kein Problem für geübte Krachexperten! Die Forschung kennt mehrere todsichere Methoden zur Herstellung eines geeigneten Krach-Vorwandes:

Mißverständnisse

Das Geheimnis dieser (wie fast jeder) intellektuellen Methode ist, daß Sie sich dumm stellen: Worte und Taten[5] ihres Lovers legen Sie aus, wie es Ihnen in den Kram paßt und Sie es bei der Interpretation moderner Lyrik in der Abitursklasse auswendig lernen mußten.

In Versprechern sehen Sie Freudsche Fehlleistungen von entlarvendem Doppelsinn, in ungenauen Formulierungen lassen sich Lügen entdecken. Und auch ansonsten stellen Sie ständig den wahren Kern bloß, denn Sie wissen »**nur zu gut, was in Wahrheit dahinter steckt!**«

Irgendwann treibt Ihr Verfolgungswahn auch den gutmütigsten Prinzen und die liebenswerteste Fee, ja gerade sie, zur Verzweiflung und in den Waffenfachhandel.

Sollten Sie mit einem Partner geschlagen sein, der auch im Suff noch präzise Aussagen trifft, verhilft ein alter Trick zu Mißverständnissen: Hören Sie einfach nicht genau zu! Das bringt nicht nur übergenaue Naturen zur Weißglut, sondern auch liberale Toleranzkünstler werden bald schon losschreien: »**Wenn du mir einmal zuhören würdest**«, und Sie können trocken kontern: »**Genau das tue ich ja – leider.**«

Feiglinge beiderlei Geschlechts regen häufig an: »**Bitte versteh' mich jetzt nicht falsch!**« Gern, allerdings nur, »**wenn es keinen Anlaß gibt!**« – doch gerade auf sein Vorhandensein weist diese Art der diplomatischen Eröffnung ihres Spatzls hin. Oder müssen Sie sich nur verbitten: »**Behandele mich nicht wie einen Vollidioten!**«?

[5] Sie sagen »**Gerede und Getue**«

Nun wird Ihr Schatz ein bißchen herumschleimen, genschermäßig, und warum sollen Sie dem anderen nicht auch einmal Recht geben? »**Ach so, verstehe: Mit dir und Gerti ist das was ganz was anderes!**«, sagen Sie nicht ohne Zynismus, bevor Sie sich ein erfrischendes Blutbad einlassen.

Natürlich sollten Sie auch umgekehrt den anderen zu Mißverständnissen verleiten. Drücken Sie sich immer schön schwammig aus, überfrachten Sie Ihre Stummelsprache mit Bildern und hohlen Phrasen, bis Ihr Gesponst zu all den Zweideutigkeiten und Anspielungen irgendwo zwischen schüchtern und stinksauer fragt: »**Willst du damit andeuten, daß ...** ?«

Natürlich könnte man trocken zurückfragen, ob der andere Gespenster sieht, Stimmen aus dem Jenseits vernimmt oder allgemein in Sachen Mißtrauen eine Phantasie an den Tag legt, die man an ihm (oder ihr) im Bett immer so vermißt. Schönere Erfolge erzielen Sie aber, wenn Sie den Schlaumeier seinen Verdacht ausführlich beschreiben lassen und ihn sich erst dann wegen dieser miesen und natürlich billigen Unterstellungen vorknöpfen. Schön, daß es noch Heilige gibt – z.B. Sie, obwohl Sie sich aus Bescheidenheit bisher kaum etwas davon anmerken ließen.

Als »Opfer« eines von Ihnen inszenierten Mißverständnisses wird irgendwann Ihr wissenschaftliches Interesse an den Sinnesorganen Ihres (oder Ihrer) Liebsten geweckt werden: »**Hast du eigentlich Bohnen in den Ohren?**«, und nehmen diese proteinreichen Nahrungsmittel Schaden, wenn »**du wieder mal auf deinen Ohren sitzt?**« Würde jedenfalls zu den anderen Pflanzenmaterialien passen, die im Kopfbereich Ihres Partners traditionell Verwendung finden, hat er doch »**Tomaten auf den Augen**« und »**Stroh im Kopf**«, oft auch zu Mist gemischt mit Scheiße.

Wo auch immer Verständnisschwierigkeiten an die Oberfläche gespült werden, sollten Sie die Vermutung äußern: »**Du verstehst wohl kein Deutsch!?**« Seien Sie nicht zu streng! Vielleicht lagen Ihre Sätze ja auch »**weit über deinem Niveau.**«

Zu guter Letzt können Sie auch so tun, als seien Sie an einem besonders intensiven Verständnis interessiert und wollten keine Fehler machen. Sie sagen: »**Sag das noch mal!**« und »**Wie hast du mich gerade genannt?**« Sie hören sich die ersten Buchstaben der Antwort an und erbringen dann ausführlich den Nachweis, daß Sie Wörter kennen und fehlerfrei aussprechen können, die man Ihnen nie zugetraut hätte, nicht mal Sie selbst[6].

Unterstellungen

Ihre gute Beobachtungsgabe ist ja bekannt: »**Ich habe genau gesehen, welche Art von Blicken ihr beide euch zugeworfen habt ...**« Und lesen können Sie auch: »**Es stand dir mit großen Lettern ins Gesicht geschrieben, was du gedacht hast – wenn man bei dir überhaupt von Denken sprechen kann**«, denn die Frau hat ihren »**bescheidenen Rest Gehirn offenbar an der Garderobe abgegeben**«, während der Mann sein »**Gehirn zwischen den Beinen trägt**«, und da »**ist bekanntlich nicht viel los.**«

Im Theater an der Burg zu Ingolstadt mag Ihr Schwarm als Mephisto oder Iphigenie glänzen, aber bis zu einem Brandauer oder einer Pluhar fehlt noch viel. »**Bilde dir nur nicht ein, daß du mir was vorspielen kannst!**«, sagen Sie öfter. Geben Sie sich nicht nur als Fachkritiker, sondern auch überzeugt von Ihrer Fähigkeit zum Gedankenlesen, bis auch Ihr Partner wirklich glaubt, was Sie immer wieder behaupten: »**Ich kenne dich besser als du dich selber kennst.**« In eben diesem Umstand sehen Sie den Grund, daß Ihnen so oft so schlecht ist, »**daß ich kotzen könnte, den ganzen Tag.**«

Ein Mensch mit einem derartigen Wissensvorsprung hilft seinem Herzchen gern Zeit zu sparen: »**Spar dir die Worte, ich weiß sowieso was du sagen willst.**« Nämlich? »**Müll!**«, gelegentlich aber auch »**Scheißdreck!**« Wie immer.

Fakten und Besserwissen

Jede noch so harmlose Diskussion kann zu einem Ehekrach ausgebaut werden, wenn Frauen ihrem Gatten nach dessen besonders brillanten Monolog in die Parade fahren, indem sie erwähnen: »**Ich habe aber gelesen, daß ...**«

[6] Aus Gründen des Jugendschutzes und der Zeitersparnis erspart sich der Autor hier eine Aufzeichnung, und seine Eltern müssen sich nicht schämen.

Quellenkritisch wird nun ein Mann erwidern: »**Und natürlich glaubst du, was in der ›Brigitte‹ steht!**« Frauen sind da fairer: »**Ach so, ›Playboy‹! Die angesehene Monatszeitschrift.**«

Irgendwer stellt jedenfalls fest, daß er oder sie »**das nicht einfach so im Raum stehen lassen kann.**« Wie immer, wenn es um die letzten Fragen geht, wird die allerletzte Frage aufgeworfen, die nach der Sachkompetenz: »**Ich werde das wohl besser wissen, schließlich bin ich seit nunmehr 14 Jahren ....**« – Doch die Blütezeit des Papsttums ist lange schon verstrichen, genauer gesagt: seit 15 Jahren. Daher: »**Bleib doch bitte wenigstens dieses eine Mal sachlich!**«

Irgendwann steigt auch der eifrigste Prediger frustriert von der Kanzel, weil er diagnostiziert: »**Manchmal glaube ich, du willst es einfach nicht kapieren.**« Dabei »**habe ich dir mindestens 10mal haarklein ...**« Oder war es nicht sogar 100.000mal, wenn Sie nochmal genau nachzählen?

In diesem Falle steht es schlecht um die Heilungschancen, denn: »**Vielleicht bist du einfach zu dumm.**« Dagegen spricht allerdings viel, denn »**so blöd kann ein Mensch eigentlich gar nicht sein.**«

Außerdem hätte es Ihnen doch auffallen müssen, daß es sich bei Ihrem Stecher (oder Ihrer Schlampe) um einen Nicht-, Unter- oder Unmenschen handelt, gerade im Vergleich zu Ihnen, dem einfachen Übermenschen aus dem Nietzsche-Baukasten von »Kosmos«.

Noch eine letzte Frage: Was ist ärgerlicher als ein Partner, der immer alles besser weiß? Ganz einfach: ein Partner, der dabei auch noch Recht hat.

Nörgelei und Selbstmitleid

Natürlich hassen Sie nörgelnde Menschen. Das geht uns allen so. Aber Sie selbst haben ein Grundrecht auf Nörgelei[7], und das sollten Sie sich nicht einschränken lassen, gerade wenn es Ihnen hervorragend geht. Von wegen »**Du hast doch alles!**« – woher will dieser Idiot das wissen, wo er sich doch so wenig um Ihr Leben kümmert. »**So gut wie du möchte ich es auch mal haben.**« Das traut er sich zu sagen? Werfen Sie ihm umgehend außer einer fürchterlich oberflächlichen Betrachtungsweise auch noch primitiven Neid vor!

Ihr Gejammere geht dem Empfindungsnaturell an Ihrer Seite immer extrem auf den Sender, obwohl Sie ganz genau darauf geachtet haben, ihm beim Nörgeln keine persönlichen Vorwürfe zu machen. Sie wissen deshalb »**gar nicht, warum du dich immer angesprochen fühlen mußt!**«, wenn Sie mal ein paar

[7] Artikel 2 des Grundgesetzes: Grundrecht auf freie Entfaltung der Persönlichkeit, ohne Rücksicht auf deren tatsächlichen Wert.

»ganz neutrale, wertfreie Feststellungen« treffen. Auf der Suche nach seinem möglichen Motiv werden Sie dann aber schnell fündig: **»Da könnte man fast denken, du mußt dich angesprochen fühlen.«** Oder ist es nur, daß **»dein Denken nur um eine Sache kreist: dich und immer wieder dich!«**?

Sie antworten einem nörgelnden Schatzi selbstverständlich ironisch – **»Ach, du tust mir ja sooo leid«** – und schließen sich in der hitzigen Debatte der These an, die seine Eltern schon vor Jahren aufgestellt haben: **»Dir geht es einfach zu gut.«** Lassen Sie sich eine Therapie einfallen und schlagen Sie diese detailliert vor. Wie wär's zur Abwechslung mal mit Arbeiten? Oder Sie empfehlen einfühlsam: **»Dann spring doch endlich, du Waschlappen!«**

Spott und Alberei

Niemand kann das Gefühl ertragen, nicht für voll genommen zu werden. Je ernster das Thema und die Beiträge Ihres Intimpartners, desto tiefer sollten Sie in den Altwitzcontainer greifen und unbarmherzig kalauern: **»Ich nehme dich nicht ernst? Im Gegentum! Zum Bleistift gerade – also das hat mich fix und foxi gemacht.«** Er entnimmt dem, daß **»du meinen Standpunkt wohl für einen Witz hältst.«** Natürlich tun Sie das nicht, aber **»könnte es sein, daß du nicht die Bohne Humor besitzt?«** und außerdem **»nicht für fünf Pfennig Grütze?«** Ja, **»Spaß muß sein!«**, allerdings nur auf Kosten anderer.

Noch ein sicherer Anheizer: Wiederholen Sie tuntig affektiert den trocken sachlichen Spruch, den er oder sie gerade abgelassen hat. Nur ganz wenige Menschen halten Parodien aus.

Allgemeine menschliche Kälte

Bestimmt verwöhnen Sie Ihren Partner. Und genauso bestimmt werden Ihre außerordentlichen Serviceleistungen wie selbstverständlich hingenommen. Kaum aber fallen die Nettigkeiten weg, die Ihr Schatz nie zu würdigen wußte, wird man sich irritiert bei Ihnen erkundigen: »**Sag mal: Hast du irgendwas?**« Sie wissen natürlich »**überhaupt nicht, wovon du jetzt redest**«, bis man Ihnen nun eine kleine Liste mit schmerzlich vermißten Privilegien aufmacht und Sie schon fast dazu zwingt, die Schuppen effektvoll von den Augen fallen zu lassen: »**Das bin ich also für dich: Nicht mehr als eine simple, bequeme und billige Mischung aus ...**« - und nun wählen Sie unter an sich ehrenwerten Berufsbildern wie Prostituierte, Raumpflegerin, Mutter bzw. Pausenclown, »guter Freund«, Roboter, Dukatenesel, Chauffeur oder – ganz geschlechtsneutral – hauptamtlicher Trottel, Idiot, bzw. Vollidiot.

Kurz: Ihr, einst geliebter, Fehlgriff ist entlarvt als primitiver Egoist.

Wunde Punkte

Wie Spinat und im Gegensatz zu Pilzen werden auch die Momente des schlimmsten Versagens mit jedem Aufwärmen besser. Hoppla, das war Ihnen nur so rausgerutscht, denn »**wir hatten uns doch darauf geeinigt, daß diese Sache erledigt ist.**« Oh, Verzeihung, keine Absicht. Immer wieder kommt wie zufällig die Rede auf des (oder der) Angebeten Schwächen und längst verjährte Greueltaten gegen die sonst so beziehungstypische Menschlichkeit. Die mathematische Formel lautet: Klammer auf zutreffend plus peinlich Klammer zu mal Wiederholung gleich Krach hoch zwei.

»**Fang bitte nicht schon wieder damit an!**« Doch die vermutete Anspielung existiert natürlich nur in der Einbildung Ihres Schatzis, dessen »**ständige Paranoia mir so langsam ziemlich auf den Hammer geht.**« Im übrigen lassen Sie sich unter Bezugnahme auf Artikel 5 des Grundgesetzes[8] auch »**nicht vorschreiben, woran ich mich erinnere und worüber ich spreche! Und von dir schon gar nicht.**«

Im Gegenteil! Sie bearbeiten fremde Wunden mit dem Salzstreuer, was ja auch viel hygienischer ist als sie zu lecken. Wenn am Ende doch noch geleckt werden sollte, so können Sie sich dann über einen würzigeren Geschmack freuen.

[8] Grundrecht der Meinungsfreiheit

Stichelei

Hier ein kleiner Dialogvorschlag zum Nachmachen, die Rollen können bei der Wiederaufführung nächste Woche auch vertauscht werden:

Sie: **»Fast hätte ich jetzt gerade was gesagt.«**
Er: **»Und was?«**
Sie: **»Ich hab's ja nicht gesagt.«**
Er: **»Aber du könntest es sagen.«**
Sie: **»Dir?«**
Er: **»Sag mir sofort, was du sagen wolltest!«**
Sie: **»Ich habe es nicht gesagt und habe das Recht, ungesagt zu lassen, was ich sagen wollte und nicht gesagt habe.«**
Er: **»Papperlapapp. Sag es jetzt!«**
Sie: **»Dir kann man sowas nicht sagen.«**
Er: **»Was willst du damit sagen?«**
Sie: **»Das möchtest du wohl gern wissen.«**
Er: **»Du wolltest es ja sowieso sagen.«**
Sie: **»Du würdest es doch falsch verstehen.«**
Er: **»Sag es jetzt, oder willst du dich nur ein bißchen aufspielen?«**

So ist es. Das Schöne an der Stichelei ist, daß der andere immer glaubt, irgendwas Bedeutsamen auf der Spur zu sein, und Sie sich überhaupt nichts zurechtlegen müssen. Fragen Sie auch unbedingt: **»Was glaubst du denn bitte, was ich sagen wollte?«** So ein Idiot wie Ihr Partner bringt es sogar fertig, eine so gefährliche Frage zu beantworten – wahrheitsgemäß!

Persönlich werden

Ein kleiner Fehler wird zum Symbol fürs Ganze verallgemeinert: »**So wie es in deinem**« Kofferraum, Bastelkeller, Kleiderschrank, Tagebuch etc. »**aussieht, so ist es auch in deinem Inneren!**« Läßt man sich das sagen von einer Figur, die »**guckt wie ein Auto**«, spätestens wenn es um kinderleichte Aufgaben geht? »**Und jetzt mußt du persönlich werden – typisch!**« Aber wenn's doch stimmt? »**Das machst du immer, wenn du dir anders nicht mehr zu helfen weißt.**« Also immer. Aber wen wundert es, wo doch »**alle Männer so sind**«, speziell die Sorte, die »**wie du von Kindheit an einen Minderwertigkeitskomplex mit Größenwahn zu überspielen versuchen. Finde dich ab mit deinem Zwergenwuchs und deiner Glatze!**« Das war etwas unfair, und so antwortet er nun: »**Das kannst du gerade sagen mit deinen Hängetitten.**«

Bei den unveränderlichen Personenkennzeichnen darf nicht vergessen werden: »**Wenn ich dich so schwachsinnig rumkeifen höre, dann sehe ich ständig deine Mutter vor mir.**« Er hingegen hat »**von deinem Erbteil das Wertvollste schon im voraus bekommen: die Krankheiten!**« – zu denen auch Alkoholismus und Schwachsinn rechnen.

Dick- und Trotzkopf

Im einfachsten Fall entspinnt sich folgender Dialog:

Mike: »**Nein!**«
Nina: »**Doch!**«
Mike: »**Nein!**«
Nina: »**Doch!**«
Mike: »**Nein!**«
Nina: »**Also gut: Ja!**«
Mike: »**Andererseits, wenn man es sich genau überlegt, ...**«
Und außerdem imponiert es nicht einmal Nina oder dem Sympathiesantenumfeld der F.D.P., wenn man je nach Windrichtung Hüh oder Hott sagt.

Fleht der Gefährte um irgendein Ende, »**weil diese Diskussion doch nichts bringt**«, so finden Sie es »**jetzt erst recht**« notwendig, »**mein Ding durchzuziehen.**«

Auch der konfliktfeindlichste Mann gerät außer sich, wenn sich sein Weibchen jeglicher Einsicht verschließt. Da ist alles doppelt und dreifach bewiesen, alles klar, oft sogar paletti, Etappe für Etappe seiner Argumentation war sie ihm gefolgt, doch nun, am Ende, nach viermal »**ja, das sehe ich ein, das stimmt**«, rastet sie wieder aus. Wie ein Automat wiederholt sie ihren lächerlichen kleinen Standpunkt, genau wie ganz am Anfang – unbelehrbar, keifend, zickig –, ein hirnloses Tonband auf dicken Beinen. Will sie ihn lebenslänglich ins Gefängnis bringen, indem sie ihn zum Mörder macht?

Frauen leiden zwar unter dem dickschädeligen Durchhaltevermögen ihres Mannes, aber sie nehmen seinen Trotzkopf nicht persönlich. Sie wissen, daß ihr Held absolut unbelehrbar geboren wurde. Als Mann eben. Sie haben Mitleid mit Unbelehr- und Unheilbaren.

Unlogische Verknüpfung

»**Was hat das eine mit dem anderen zu tun?**« Nichts, denn Ihr wie die Essenz eines Philosophenlebens hingeplapperter Gedanke war tatsächlich »**völlig unausgegorener Unfug**« und »**total an den Haaren herbeigezogen**«, fast so von Vernunft durchtränkt »**wie diese Horoskope, die du immer liest.**«

Noch Fragen? Mehrere – und die konzentrieren sich auf Zusammenhänge, für deren Verständnis »**man nur eins und eins zusammenrechnen muß.**« Taschenrechner raus, Gegenprobe und Quersumme bilden – stimmt. Und doch behauptet diese Hohlbrosche, es gebe »**sehr wohl noch andere, völlig plausible Erklärungen für ...**« – so ziemlich alles, was eigentlich eindeutig nach z.B. Untreue aussieht. Gibt es sie wirklich? »**Nenn mir nur eine!**«

Nein, auch wenn man sich die schönste längst zurechtgelegt hatte, nun behält man sie doch für sich. Auch der Heiland, neben Bruce Springsteen ein wichtiger Maßstab, ließ sich von Zweiflern nicht zum Wasserlaufen überreden

– er hatte, wie Sie Ihren, seinen Stolz. »**Ausflüchte! Dir fällt nur jetzt so schnell keine Erklärung ein!**« Ist das die Höhe? »**Werd jetzt bitte nicht unsachlich.**«

Noch bessere Punktewertungen gibt's für folgende Kür:

Cindy: »**Ich sehe da keinen logischen Zusammenhang!**«
Bert: »**Weil du keinen sehen willst!**»
Cindy: »**Sag doch gleich, daß ich doof bin!**«
Bert: »**Warum?**«
Cindy: »**Du traust dich ja bloß nicht!**«
Bert: »**Also gut: du bist doof.**«
Nun weint Cindy. Sie konnte die Wahrheit noch nie vertragen.

Ein weiteres verbreitetes Beispiel für die unlogische Verknüpfung kann man oft beobachten, wenn die »Beziehung« mal ein wenig Freiheit nachtankt, draußen auf der Tankstelle, die man freie Wildbahn nennt: »**Daß ich mal ein bißchen Distanz gewinnen möchte, muß doch nicht unbedingt bedeuten, daß ich dich nicht mehr liebe.**« Hier schließt eine häufig gestellt Frage an: Wer sagt eigentlich, daß Treue etwas mit Liebe zu tun haben **muß**? **Kann** – gut, meinetwegen. Aber **muß**? Nein, das ist unlogisch. Und doch besteht Ihr Schätzchen darauf. Da muß die Diagnose lauten: »**Absolut symptomatisch für dein krankes Weltbild.**«

»**Lenk doch nicht schon wieder ab!**« Tut man ja gar nicht, vielmehr: »**Du kannst ja nicht beim Thema bleiben.**« Ihr wichtiger Einwand von eben wird als »**völlig irrelevant in diesem Zusammenhang**« abgetan. Fein, dann »**tut es eben nichts zu Sache**«, aber »**warum regst du dich dann so auf?**« Ja, »**Eben deswegen!**« Ach so. Und außerdem: »**Das geht dich doch einen Dreck an!**«, schon aufgrund der Erfordernisse des Datenschutzes.

Absichtliche rhetorische Verdrehung und Demagogie

»Eben hast du's doch selber gesagt! Und jetzt soll plötzlich das genaue Gegenteil gelten?« Das wäre nicht das erste Mal, aber »**so habe ich das überhaupt nicht gesagt.**« Betonung auf »so« und damit jenen mikroskopischen Details, die dem anderen in der Aufregung regelmäßig entgehen, obwohl zweifellos stimmt: »**Ich hab doch Ohren!**«, allerdings die Spezialanfertigung mit den unkalkulierbaren Resonanzphänomenen, mit denen man erklären kann, daß »**es in deinen Ohren vielleicht so geklungen haben mag.**« Der Ohrenbesitzer aber meint, das strittige Rezeptionserlebnis nur so gehabt zu haben, »**weil du es ganz genau so gesagt hast**«, wortwörtlich. Er übersieht aber, daß »**man das nicht aus seinem Zusammenhang reißen kann**«, und hat zudem die Betonung ignoriert, die einen subtilen Scherz oft so ähnlich klingen läßt wie eine widerliche Beleidigung. Aber »**Zwischentöne waren ja noch nie deine Stärke**«, eher die vielen Anwendungen des Holzhammers. Und Humor ... – »**Noch so ein Fremdwort, das du nicht kennst**«, aber immer wieder falsch benutzt.

Augenblick! »**Du machst es dir wieder mal sehr einfach. Also erstens hast du ...**« Ja, ja, und dann folgt zweitens und drittens, und bei ungefähr vierhundertzehntens liest Kuli die Nachtgedanken ins Wohnzimmer.

Weit übers rauschende Schneebild hinaus wird disku-, interpre- und überinterpretiert:

Nina: »**Groschen gefallen?**«
Mike: »**Du hast gesagt, daß es geregnet hat.**«
Nina: »**Ja, aber nicht, daß es naß war.**«
Mike: »**Aber es war doch naß.**«
Nina: »**Nicht wirklich.**«
Mike: »**Du verdrehst immer absolut alles, bis es dir paßt ...**«
Nina: »**Dann wehr dich doch.**«
Mike: »**Du weißt genau, daß ich mich nicht so gut ausdrücken kann wie du.**«

Einsatz der Gentechnik

Ohne Rücksicht auf geltendes Recht werden Gentechnik und Tierversuche schon lange im Ehekrachbereich eingesetzt. Sie können einem leid tun, die Mücken, aus denen Elefanten gemacht werden.

DIE SCHÖNSTEN UND BEWÄHRTESTEN VORWÜRFE

Die Arbeit mit dem Vorwurf darf man wohl als das wichtigste Werkzeug auf dem Gebiet des Ehekrachs bezeichnen. Glücklich der, der nie um Vorwürfe verlegen ist.

Dein minderwertiger Charakter

Jeder Mensch verfügt über Charaktermerkmale, deren Liebenswürdigkeit sich durch die Wahl des angemessenen Blickwinkels ins Ekelige verzerren läßt. Kann jemand »gut haushalten«, so sehen Sie nun genau darin »spießigen, kleinkarierten Geiz«. Aus »verführerisch« wird »aufgedonnert«, das »sensible Einfühlungsvermögen« Ihres Liebsten zur »Schleimscheißerei«, und zwar der allgemein opportunistischen bis speziell arschkriecherischen.

Mit ein bißchen Geduld findet sich immer eine persönliche Eigenschaft, an der man erheblich etwas aussetzen muß. Hier nun ein paar Muster, wie Sie auf typische Charaktermängel reagieren können.

Ihr Schatz ist **aggressiv:**

Erstmal wollen Sie sichergehen: »**Sag das bitte nochmal!**« Dann stellen Sie fest: »**So kannst du mir nicht kommen!**», schon gleich »**gar nicht in diesem Ton**«. Sie bieten Lösungsmöglichkeiten an: »**Reg dich ab!**« und begründen diesen Wunsch auf stimulierende Art: »**In diesem Zustand unterhalte ich mich gar nicht mit dir.**« Irgendwann bietet sich dann Gelegenheit zu einer dieser viel zu selten benutzten Phrasen: »**Drück doch ab, du Null!**«

Ihr Schatz kämpft **unfair:**

Sie sagen: »**Schläge unter die Gürtellinie – das einzige, was du unter der Gürtellinie drauf hast!**«

Ihr Schatz ist **ungerecht:**

»**Deine Sprüche von der ›Gleichberechtigung‹ sind doch nur Makulatur**«, unter der sich »**ein mieser, kleiner Faschist verbirgt.**« Immer noch besser als das Dreckschwein, als das er letztes Mal identifiziert werden mußte.

Ihr Schatz ist im Gespräch **unterdrückerisch:**

Sie sagen: »**Darf ich vielleicht ausnahmsweise auch mal was sagen?**« Nur eines – und genau das sagen Sie: »**Natürlich, klar, zu Befehl! Ich fliege!**« Sie illustrieren Ihre Dienstbereitschaft durch zusammengeschlagene Hacken und Hitler-Gruß. Wollen Sie sich wehren? Dann bitte mit »**Jetzt hörst du mir mal zu!**« Ob Ihnen Ihr »**Jugendtraum irgendwann in Erfüllung gehen wird: einmal, nur ein einziges Mal einen Satz zu Ende bringen dürfen!**«? Und da sagt dieses Fischgesicht: »**Aber erst nach der Gehirnoperation.**« Andererseits, kein schlechter Vorschlag. Auf dem OP-Tisch und danach erfüllt sich Ihr alter Wunsch zum ersten Mal: »**Ich will auch mal im Mittelpunkt stehen**« – für Egomanen und medizinische Wunder ein alltägliches Gefühl. Nach der Heilung steht fest: »**Von so einer Lusche wie dir lasse ich mir keine Vorschriften machen.**« Ja, die Zeiten sind vorbei, ein für alle Male.

Ihr Schatz ist **arrogant:**

Sie sagen: »**Ich möchte wirklich wissen, worauf du dir eigentlich was einbildest**«, und fragen interessiert: »**Was glaubst du eigentlich, wer du bist?**« Die Beantwortung dieser Frage dürfte auf dem Boden der Tatsachen leichter fallen, also »**komm endlich runter von deinem hohen Roß!**« Arrogante Menschen bringen sensible Menschen wie Sie ins Grübeln. »**Eigentlich bin ich nicht gut genug für dich**«, speziell »**wo du doch unwiderstehlich bist und jederzeit**« einen viel besseren Partner finden könntest. Ob es eine übergeordnete Gerechtigkeit gibt? Eine bittere Prophezeihung, gleichzeitig aber auch Hoffnung zum Schluß: **»Eines Tages wirst auch du mal ...«** Bis dahin müssen Sie noch etliche Trainingsstunden auf dem Schießstand absolvieren.

Ihr Schatz zeigt sich **uninteressiert:**

Sie sagen: **»Aber ich will jetzt darüber reden!«** Fruchtlos verläuft das erzwungene Gespräch, wie nicht anders erwartet, denn **»dir ist doch sowieso alles scheißegal.«** Des (oder der) Geliebten Spezialgebiet ist die Oberflächlichkeit, **»du hörst mir mal wieder überhaupt nicht zu«**, und dazu kommt die Ermahnung: **»Sieh mich wenigstens an, wenn ich mit dir rede.«** Sollten Sie doch einmal Interesse an Ihren Belangen bemerken, so ist dies geheuchelt: **»Jetzt plötzlich willst du dich also schon immer für Film interessiert haben!?«** bzw. Tuning oder Hausgeburt.

Ihr Schatz ist **kalt:**

Sie sagen: **»Was weißt du denn schon von Gefühlen?!«**

Ihr Schatz ist **langweilig:**

Sie sagen: **»Ich habe mir ein bißchen was anderes unter unserer Beziehung vorgestellt als dein ständiges ...«** – und dann benennen Sie die öden Routinen, mit denen man Sie quält. Verschweigen Sie nicht: **»Deine Argumente sind so überzeugend wie deine Witze.«**

»Tausendmal durchgekaut« haben Sie alles, und deshalb: **»Kann es sein, daß ich das irgendwo schon mal gehört habe?«** Allerdings, und daher **»kann ich diese Sprüche inzwischen rückwärts mitbeten.«** Besonders abgegriffene Phrasen kommentieren Sie mit: **»Ganz was Neues!«**

Rücksichtslosigkeit

Gnadenlos geht der Partner mit Ihren geliebten Sachen um, ohne jedes Gefühl für Mensch und Material. Es sind »**deine unegalen Finger**«, die immer wieder irreparable Flurschäden anrichten, die für das Wildschwein typischer sind als für den Elefanten im Rosenthal-Studio. Die Gänge werden reingeknallt und hochgezogen, die Tischdecke eingesaut, als ginge Himbeer wieder raus, und dann hängt dieser kulturlose Kleinbürger auch noch diese Bilder auf, bei denen sich einem Menschen der Magen umdreht. Aber »**Geschmack war ja schon immer ein Fremdwort für dich!**« – neben Manieren, Intelligenz und Entschuldigung, die er auch alle ganz klein schreibt.

Ein Wort zum allgemeinen menschlichen Umgang: »**Deinen Hund behandelst du besser als mich**«, denn »**du gehst mit mir um wie mit einem Stück Scheiße**«, obwohl genau doch das es ist, was Ihr Schatzi ist. Zerstörung heißt das Schlüsselwort, und nach den Illusionen ist die ganz individuelle Ordnung dran, auf die Mausi so großen Wert legt wie in anderen Haushalten Krümel oder Häsi: »**Faß nie wieder meine Sachen an, verstehst du? NIE WIEDER!**», denn man findet sich nur in der eigenen Mülldeponie zurecht.

Selbstverständlich werden auch die im Grundgesetz verbrieften Rechte nicht respektiert. »**Hast du mich jemals gefragt**«, ob ... – nein, selbstverständlich nicht: »**Du bist so zum Kotzen kleinlich, daß ...**« man lieber ungefragt Lärm, Dreck, Schmutz und Gestank erzeugt hat, also Freunde einlud. Außerdem ist der Partner kein Deut besser: »**Du läßt du mich nie ausschlafen.**«

Der falsche Umgang

»**Es gibt zu denken, mit**« welchen Menschen sich Ihr Partner wohlfühlen kann. Hirnlose Asoziale, eingebildete Schnepfen, primitive Alkoholiker und all die anderen, die sich jeden Mittwoch um 19 Uhr im Neandertal treffen. Die üben so lange »**ihren schlechten Einfluß auf dich aus, bis du genauso**« abstoßend und ...

Dabei gäbe es doch den bunten Kreis Ihrer Kollegen, Freunde und Verwandten – oder nein, »**vor denen müßte ich mich für dich schämen**«, nicht nur wegen der Kleidung, sondern vor allem ...

Damit ist Ihr Partner nicht einverstanden, im Gegenteil. Von vielen Bezugspersonen Ihres Spatzls »**könntest du eine Menge lernen.**« Nehmen Sie ein großes, scharfes Messer mit, um sich »**eine dicke Scheibe abschneiden**« zu können. »**Zum Beispiel mein alter Freund Felix ...**« – doch nicht etwa der Felix!? »**Hör mir doch auf mit dem Vollidioten!**« Da hat Felix noch mal Glück gehabt, daß »**ich schwachsinnige Angeber nicht mag.**« – und dann hören Sie: »**Was kann ich dafür, daß du mit denen nicht warm wirst?**« Sonst hätte die intolerante Seite vielleicht auch mehr Verständnis und würde nicht ständig sagen: »**Wo hast du dich schon wieder rumgetrieben?**» Äh also lall ... »**Weißt du eigentlich, wie spät es ist?**« Ja, lall, Augenblickchen, kotz ... »**Wie du wieder aussiehst!**« Naja, weil lall ... »**Und dieser Kneipengestank!**« Der Schuldige übernachtet nicht im gemeinsamen Bett.

Egoismus

Sie opfern sich auf, Sie »**geben, geben, geben, – und du nimmst nur!**«, und zwar »**wie selbstverständlich**«, den ganzen Arm statt des nach altjapanischer Sitte abgeschnittenen und angebotenen kleinen Fingers, weil »**du nur eines in**

der Welt siehst: Dich, dich und nochmals dich!« Ständig schallt es durch die Wohnung in Ihr Ohr: »**Tu dies, mach das, könntest du mir nicht mal eben ...** « – ja, »**du müßtest dich mal hören!**« Nur ein Wort kommt nie vor: »**Hast du auch nur ein einziges Mal Dankeschön gesagt?**« Nein. »**Das habe ich nun von meiner Großzügigkeit ...** « Undank, den Weltenlohn, aber das hat Folgen: »**Schluß! Ende! Ich bin wirklich nicht geizig, aber ...** « und »**ich will wirklich nichts aufrechnen, aber ...** « Fazit: »**Ich Idiot bin immer viel zu nett gewesen. – Hörst du? – GEWESEN!**«

Denn ab jetzt ist Feierabend, mit vielem: »**Ich muß um jede Mark betteln...**«, während es die bessere Hälfte sinn- und hirnlos verpraßt, nur weil sie (meist er) meint: »**Mit meinem Geld kann ich immer noch machen, was ich will!**«

Das liebe Geld

Steht die Trennung zur Debatte oder wird ein Lastenausgleich fällig, so darf erinnert und gerechnet werden: »**Selbstverständlich war das meine Waschmaschine. Ich habe sie damals gekauft, als ich noch zusammen war mit ...** « – aber »**wer hat dann die dauernden Reparaturen bezahlt, die den Wert weit überstiegen haben?**« Das ist doch infam! Wer hatte dafür aber beim Kühlschrank tiefer in die Tasche gegriffen, greifen müssen, obwohl »**ich immer schon gegen dieses Ding war, das viel zu groß für uns ist**«? Na also.

War das Geld, das der andere ausgegeben hatte, nicht ohnehin Ihr Geld, weil: »**Du hast immer auf meine Kosten gelebt. Wer ist denn arbeiten gegangen?**« Doch das ist nur die eine Seite, denn: »**Komm mir bitte nicht wieder mit deinen hirnrissigen Milchmädchenrechnungen. Von wessen Eltern stammt das Geld für das Schlafzimmer?**«, das man nun nicht mehr gemeinsam benutzen will. »**Und wessen Familie hat uns die Wohnung fast mietfrei überlassen?**« Die liebe Familie, häh? »›**Fast mietfrei**‹ **nennst du das, wenn uns nicht der rechtswidrige Wucher zugemutet wird, den deine gierigen Eltern den Nachbarn antun?**«

Und außerdem: »**Geschenkt ist geschenkt.**«

Karriere und Beruf

Man bräuchte jetzt nicht so kleinlich sein, »**wenn du ein bißchen ehrgeiziger im Beruf gewesen wärest.**« Schon traurig, daß »**die anderen, mit denen du seinerzeit angefangen hast, längst zu Vorgesetzten deines Chefs aufgestiegen sind.**« Aber der Arbeitgeber war eben nie blind, blöd oder in Ihren Märchenprinzen verliebt und hat von Anfang an gesehen, »**was für eine Niete du in**

Wirklichkeit bist.« Ausflüchte und Erklärungen für das lächerliche, fast asoziale Einkommen lassen Sie nicht gelten. Krankheit, na und? Dr. Dr. Uwe Barschel, der leider in der Badewanne ertrunkene Ex-Ministerpräser aus dem Norden, ist nach einem Flugzeugabsturz erst richtig aufgestiegen.

Auch »**wer sich wie du von den anderen einspannen und ausnutzen läßt**«, wer »**für die im Büro nur den Schleimer, Kaffeekocher, Pausenclown**« etc. mimt, gehört ins Kröpfchen und verlassen.

Ein Tip: Sagen Sie nicht immer »Niete«, wenn Ihr Partner genauso berechtigt auch »Hohlbrosche«, »Dumpfgummi« oder »Einwegfeuerzeug« genannt werden könnte.

Das ist bitter. »**Der Andreas, den ich kannte – und liebte, dieser Andreas war jemand anderes als du.**« Der jetztige? Enttäuschend. »**Weißt du eigentlich, was ich für dich alles aufgeben habe?**« Doch heute muß man sich im Angesicht des Scherbenhaufens fragen: »**Was ist aus deinem großen Plan geworden?**«, was außer Altpapier? Wie, was? »›**Demnächst! Geduld! Positiv denken!**‹ **Wie oft habe ich das nun schon gehört?**« Hier setzen Sie eine Zahl zwischen 111 und 999 ein. »**Eigentlich müßtest du längst Millionär sein.**« Doch Ihr Schatzi ist nicht mal kreditwürdig. »**Was hast du schon zu bieten?**« Sie dürfen gar nicht daran denken, »**was meine ehemaligen Liebschaften heute bereits sind**« und wie gut es Ihnen bei ihnen gehen würde.

Unheilbare Partner

Eigentlich hatte man sich Veränderung erhofft, denn »**schon am Anfang war nicht viel mit dir los.**« Und dann hatte man sich bemüht, »**einen Menschen aus dir zu machen.**« Fehlanzeige, weil »**du überhaupt nicht mitgezogen hast**«, sondern im Gegenteil »**auf der Stelle getreten**«, wenn nicht »**immer noch weiter verblödet**« bist. Man wundert sich, »**wie weit ein Mensch absteigen kann**«, der nie hoch stand.

Altersuntypische Züge kann man am besten vorwerfen: »**Wie unglaublich naiv du noch bist trotz deiner 31 Jahre!**« Daran trägt Ihr Gatte die Schuld, der »**seit Jahren immer so tut, als wäre ich ein 12jähriges Kind**«, oder wird da Unbedarftheit nur mit einem »**vorgezogenen Altersstarrsinn**« verwechselt, der manische Züge trägt? Oder ist er verkalkt und bewußtseinsgetrübt? Bestimmt eher das oder alles zusammen.

Doofheit

Diese Eigenschaft wird immer wieder diagnostiziert, aber viel zu selten ernst genommen. Dabei »**tut es bestimmt weh, wenn man so unglaublich doof ist wie du!**« Zugunsten Ihrer großen Liebe hatten Sie »**lange vermutet, du stellst dich nur so saudoof**«, um sich vor unangenehmen Pflichten zu drücken oder Ihnen auf die Nerven zu fallen. Doch nun stellt sich aus gegebenem Anlaß die Frage: »**Bist du wirklich so blöd?**» Ja. Und das bedeutet für Sie wieder einmal: »**Dann mach ich's doch lieber gleich selbst.**« So jemand wie diese Pappnase kann einem keine Hilfe sein, wohl aber ein Klotz am Bein. Meist wird die Frau geschmäht, aber auch Männern kann man vielfach Bedienfehler im Alltag nachweisen: »**Du kannst nicht mal einen Löffel richtig halten.**« Selbst ist der Mann, und wenn der Mann besonders selbst ist, kennen wir das Ergebnis schon: »**Einmal hast du gewaschen – alles verfärbt.**«

Den Fortschritt des geistigen Abbauens mißt man mit modernen psychologischen Tests, die man immer wieder mal einstreuen sollte: »**Und was kommt raus, wenn man zwei und zwei addiert?**« Häufig entdeckt man nach einiger Suche in der Antwort Anzeichen für die generelle Einstellung des anderen, der oder die z.B. sagt: »**Als wenn es darauf ankäme.**«

»**Für wie blöd hälst du mich eigentlich?**« Sie werden sich wundern, was hier eine ehrliche Antwort bewirken kann. »**Du glaubst wohl, ich bin so doof wie ...**« – der süßeste Seitensprung? Nein, leider nicht.

Kleinkariertheit und gespaltene Haare

»An dir ist ein echter Beamter verloren gegangen.« Wirklich, was soll die Pedanterie!? »**Darf ich auch mal durch dein Mikroskop sehen?**« Gegenüber Göttergatten mit Abitur formuliert man anspruchsvoller: »**Immer versteckst du dich hinter Begriffen. Hirnwichsen nenn ich das!**«

Dazu ein ausführliches Lehrbeispiel:

Tristan: »**Natürlich war nichts zwischen uns!**«

Isolde: »**Ich kenne dich! Das heißt, es ist noch immer was zwischen euch. Stimmt's**«

Tristan: »**Hör mal, deine ständige Haarspalterei ...**«, und es »**muß ja nichts zwischen uns gewesen sein, nur weil du mich hier gern in irgendeine Ecke drängen möchtest ...**«

Isolde: **»Schon wieder! Muß! Wer spricht von muß!? Kann doch auch kann und vor allem: war was oder war nichts.«**

Tristan: **»Erstmal paßt mir dieser Stil nicht. Und zweitens . . . «**

KLASSISCHE STREITGRÜNDE

Endlich haben wir uns von den Vorwänden zu den unsterblichen Klassikern vorgearbeitet. Als da sind ...

Eifersucht

Die Eifersucht Ihres Schätzchens ist altmodisch, irgendwie verwerflich und meist krankhaft, selbstverständlich immer auch unbegründet. Aber nur weil Ihr Partner nicht eifersüchtig sein darf, müssen Sie sich natürlich noch lange nicht bieten lassen, von ihm (oder ihr) auf Platz höchstens zwei seiner (oder ihrer) Hitparade heruntergestuft zu werden – gleich hinter Beruf, Esoterik, Goldhamster, Stammtisch, Kind oder Kegeln. Selbstverständlich machen Sie Rabatz, und zwar anständig!

Nein, »**es hat ja wohl mit Eifersucht rein gar nichts zu tun, wenn ...**« jemand Gründe zur Eifersucht hat – und Sie finden für sich ausreichend ausreichende.

Etwas anders sehen Sie natürlich die Eifersucht Ihres Lebensgefährten. In diesem Falle müssen Sie sich und ihn fragen: »**Aber auf die Topfpflanzen bist du nicht zufällig auch eifersüchtig?**« Nein, zufällig – nein.

Allgemeine, ständige, undifferenzierte Geilheit

Den »**geilen Bock**« und die »**läufige Hündin**« verbindet, daß sie »**alles ficken, was sich bewegt.**« Jedenfalls »**willst du das, aber – wer nimmt schon Zweite Wahl wie dich?**« Naja, ihr Partner. Das Denken setzt aus, »**du wirst ein Tier**«, auch wenn vorher schon feststand: »**Du bist ein Tier.**« Gern werden Vergleiche mit Minderheiten angestellt, z.B. Nutten und Ausländern. Das ist aber geschmacklos. Doch gerade bei der Bewertung der Geilheit muß man andere Maßstäbe anlegen, denn ihre Konsequenzen kennt man ja ...

Untreue

Sie haben nicht spioniert. Das war gar nicht nötig. Ihre bessere Hälfte hat beim Spurenverwischen die deutlichsten Spuren gelegt. »**Du stellst dich selbst beim Betrügen so schlau an wie im Bett oder auf der Karriereleiter.**« Der oder die Ertappte leugnet und versucht zu beschwichtigen: »**Das bildest du dir alles nur ein.**« Sie weisen darauf hin, daß Sie funktionstüchtige »**Augen im Kopf**« haben und raten: »**Versuch gar nicht erst, es abzustreiten. Das macht alles nur noch schlimmer**« und damit endlich »**schlimm genug**«, oder nein, das war es ja schon vorher.

Die gutgemeinte Aufforderung, das Leugnen gar nicht zu probieren, wird nur selten befolgt, außer wenn Sie sie zu früh vorgetragen haben. Während Ihr Intimpartner sich langsam über Ihr Mißtrauen empört, denn er »**hätte nicht gedacht, daß du mir sowas zutraust**«, wühlen Sie in der mitgebrachten Plastiktüte und halten das gesammelte Belastungsmaterial hoch: »**Wie kommen diese langen blonden Haare in den Ausguß unserer Dusche?**« Mitgebracht vom letzten Friseurbesuch? Oder hat sich da vielleicht ein humoriger Gast einen Scherz erlaubt?: Haare mitgebracht, in den Ausguß gelegt, Streit abgewartet? Könnte sein.

Wo der objektive Indizienbeweis nicht durch Fotos oder Spermatests angetreten werden kann, da greifen Sie auf Expertengutachten zurück: »**Du küßt in letzter Zeit ganz anders**«, auch und gerade nach der Vereidigung: »**Und du schwörst, daß du nur mich liebst?**« Lassen Sie sich nicht mit verfassungstheoretischen Grundsatzdiskussionen über die Definition des Wortes Liebe abspeisen.

Nun, da weiteres Leugnen nur noch das Strafmaß heraufsetzen könnte, wird Ihr Lebensgefährte alles beichten, was Sie ohnehin schon wissen, und schließlich wird er auf mildernde Umstände plädieren. Sie wiederholen die gegnerischen Argumente. Das reicht aus, um sie lächerlich zu machen:

»Was heißt hier: ›Das hat sich so ergeben.‹?«
»Was heißt hier: ›Das hat dir nichts bedeutet.‹?«
»Was heißt hier: ›Das war doch nur körperlich.‹?«

Überhören Sie das unvermeidliche Blabla der wortreichen Antworten. **»Der Mensch braucht also Abwechslung? Der ›Mensch‹ vielleicht, aber wir reden doch von dir!«** Sie holen Luft. **»Du kannst also nicht mehr atmen! Weil ich dich erdrücke!?«** Wieder mal sollen Sie schuld sein! Wie immer!

»Niemand zwingt dich zu bleiben. Im Gegenteil!« Falls Ihr übersättigter Mitbewohner nicht weiß, wohin, geben Sie einen freundschaftlichen Rat: **»Dann geh doch zurück zu dieser ...«** – selbst Ihnen kann einmal ein Name entfallen – **»zu dieser – wie heißt sie noch?«**

Hier schließt sich Ihr großer Monolog an – eine gnadenlose Abrechnung nicht nur mit Ihrem untreuen Fehlgriff, sondern auch mit Ihren eigenen Fehlern. **»Mein Gott, was war ich dumm!«** Höchste Zeit für den bilanzierenden Schlußstrich unter die Sache, und dann Häkchen dran. Daß Sie auch weiterhin Freunde bleiben wollen, beweisen Sie durch ein paar gute Wünsche. **»Werd glücklich, du Arschloch!«**

Gut gemeinte Sorgen um Ihre Zukunft können Sie lächelnd ausräumen: **»Bilde dir nur nicht ein, daß ich auf dich angewiesen bin!«** Ein kleiner geschichtlicher Ausflug, nicht ohne Melancholie, sollte Ihren Optimismus begründen: **»Wen ich damals alles hätte haben können!«** Und doch hatten Sie sich weiland weit unter Wert verschwendet. Auch vor Mangelerscheinungen sind Sie geschützt, denn **»solche wie du laufen zu hunderten rum, und Bessere!«** Vor allem die.

Eigentumsdelikte

Da werden samstags eiserne Rationen aus dem Kühlschrank genommen und ohne Erlaubnis verfressen – **»Du hast doch wohl nicht etwa ...!«** –, der ohnehin winzige Drogenvorrat fehlt plötzlich ganz. Eiskalt vernichtet, unterschlägt oder mißbraucht der skrupellose Täter auch Ihre über die Jahre liebgewonnene Zahnbürste oder andere sentimentale Andenken an eine Person der Zeitgeschichte, gern Ihre ganz, ganz große, aber auch unglückliche Liebe. Nicht mal vor wertvoller Literatur macht der perverse Eigentumsbegriff einer Prinzessin halt: **»Sie lagen hinter dem Öltank in einer Plastiktüte. Ganz speckig, klebrig und zerfetzt. Da habe ich gedacht, sie wären Müll.«** Bitte lieber Gott, mach, daß alles nur ein böser Traum ist! Die geheime und vollstän-

dige Sammlung »Color Climax«[9]! Zum Glück lagern die Videokassetten woanders.

Es darf ausgiebig gestritten werden. Wer, warum, böswilliger Tatvorsatz, Treu und Glaube, Verkehrsüblichkeit, billigende Inkaufnahme?

Besonders lang schleppen sich die Verfahren hin, in denen der Mord ohne Leiche verhandelt wird: »**Wo hast du meine . . . ?**« – was auch immer. Selbstredend »**da, wo du sie hingefeuert hast.**« Doch das »**kann nicht sein. Ich weiß genau, daß ich erst gestern . . .** «

»**Das ist typisch!**« Hier ergreift der Nebenkläger die Gelegenheit zur Einlassung: »**Alles muß man dir nachräumen . . .** «, denn »**du läßt alles stehen und liegen.**« Wohl in Verkennung der Umstände: »**Ich bin nicht deine Putzfrau!**« bzw. »**Mutter**«, schließlich »**habe ich auch noch was anderes zu tun.**« Ach ja, und »**was soll das wohl sein?**« Ganz einfach: so ziemlich alles, was das gemeinsame Leben bisher lebenswert gemacht hatte. Doch statt reuiger Dankbarkeit nun dieser Schlag ins Gesicht: »**Niemand hat dich darum gebeten. Du und dein zwangsneurotischer Putzwahn! Echt krank!**«, also wegen Ballaballa ab in die Klapse – oder lieber gleich zum Einschläfern bringen? »**Ich hab dir hier mal die Adresse und ein bißchen Infomaterial von der ›Deutschen Gesellschaft für Humanes Sterben‹ hingelegt. Das interessiert dich doch hoffentlich.**«

[9] Erklärung für bisher nicht fündig gewordene Frauen: Europas größter Hersteller erotischer Bilderhefte, kompetent und leistungsstark, in erster Linie frauenverachtend.

Der schmuddelige Partner, meist ist dies der von Natur aus zum Siffen neigende Mann, kündigt nun voreilig an: »**Ab jetzt mach ich das alleine.**« Die Frau denkt den Gedanken zu Ende: »**Den Saustall kann ich mir vorstellen!**« Sie erinnert sich an die Zeit vor dem Zusammenziehen zurück, und noch heute »**kriege ich Herpes, wenn ...**« – Aber auch ihm ist das Unwohlsein nicht unbekannt, das den Beobachter befallen kann: »**Überall die ekligen Katzenhaare, und überhaupt du und deine feuchten Küsse mit Haustieren.**« Kotz. Außerdem erwähnt der Mann die »**Überwemmung, immer wenn du zwei Stunden geduscht hast**«, um die allerletzte Bakterie abzuspülen.

Bruch von Versprechen

Jeder kennt die Momente, in denen man bereit ist, jeden Mist zu versprechen, weil man so glücklich ist oder anders nicht schnell genug ans Ziel kommt. Nun soll nicht von Ihnen verlangt werden, daß Sie Ihren Liebling in Glücksräusche versetzen, um ihm die Versprechen abzunehmen, die er später brechen wird oder – besser noch! – muß. Das wäre auch irgendwie unmoralisch. Wenn Ihre bessere Hälfte aber ganz scharf auf etwas ist, was nur Sie ihr geben können, so verlängern Sie die Zielgerade ein wenig, bis Sie mehrere unhaltbare Versprechen erpreßt haben: »**Gut, du darfst mich haben, wenn**« du mir das folgende Gelübde nachsprichst. Hier bewährt sich das regelmäßige Mitführen der Heiligen Schrift in Dünndruck.

Auch im Falle der Wortbrüchigkeit diskutiert man ausführlich darüber, ob der Tatbestand überhaupt gegeben ist, denn »**da hast du wohl dein bescheidenes Restgehirn abgeschaltet**«, weil: »**ich kann mich genau erinnern, daß ich gesagt habe ...**« – der Tonbandmitschnitt und mehrere Eidesstattliche Versicherungen belegen Ihre Barschel-Version.

Beim Lügen ertappt

Sie kennen ja die Verhörtechniken, mit denen Inspektor Colombo seine Fälle löst. Auch Sie geben sich gutherzig, freundlich und leutselig, der Lügner wiegt sich in Sicherheit, während er sich tief und immer tiefer in Widersprüche verstrickt. Und schließlich hauchen Sie sein Kartenhaus um: »**Wie kannst du allein in deinem Bett liegen und gleichzeitig von Bert in dieser Bar gesehen worden sein?**« – zu allem Elend auch noch blau und in Begleitung!

»**Aber ..., – aber ..., also ich schwöre dir ...**« Überführt! »**Nein, schwöre jetzt bitte nichts!**« Das nämlich »**würde alles nur noch schlimmer machen**«, obwohl das kaum noch vorstellbar ist.

Bevor Sie sich anschließend den Versöhnungsspielen mit Handschellen hingeben, müssen die unvermeidlichen Schritte dieser Version des Ehekrachs abgearbeitet werden:

Bert: »**Du spionierst mir also hinterher.**«
Cindy: »**Du gibst mir ja allen Grund dazu mit deinen dauernden Heimlichkeiten und Lügengeschichten.**«
Bert: »**Was kann ich dafür, wenn du so klammerst?**«
Cindy: »**Wenn du mir gesagt hättest: ›Hör zu, ab und zu brauch ich das mal‹, das wär doch kein Problem gewesen.**«
Bert: »**Quatsch doch nicht blöd. Das habe ich einmal versucht ...**«
Cindy: »**Wann?**«
Bert: »**Damals die Geschichte ...**«
Cindy: »**Du redest doch nicht etwa von ...**«
Bert: »**Doch, ganz genau. Also: Wer war es denn bitte, der eine Riesenszene gemacht hat, obwohl ...**«

Spricht Ihr Partner immer offen und aufrichtig mit Ihnen? Schade. Aber zu ein paar völlig belanglosen Notlügen können Sie auch ihn hinreißen, Notlügen, wie man sie mitunter ausspricht, um ein Gespräch abzukürzen oder Gemüter zu besänftigen.

Paola: »**Du hast Werner meinen Gruß also tatsächlich ausgerichtet, ja?**«
Felix: »**Ja, ja, logisch.**«
Paola: »**Ganz, ganz sicher?**«
Felix: »**Aber Schatz, wieso ist dir das so wichtig?**«
Paola: »**Ganz sicher ausgerichtet?**«
Felix: »**Ja.**«
Paola: »**Wann?**«
Felix: »**Wie ›wann‹?**«
Paola: »**Na einfach wann ›wann‹.**«

Felix: »**Weiß nicht mehr exakt, wann ... Ich kann mich nicht genau erinnern.**«

Paola: »**Du kannst dich also nicht genau erinnern, was? Werner kann sich überhaupt nicht erinnern. Ich hab ihn nämlich heute gefragt, ob du ihm den Gruß ausgerichtet hast.**«

Felix: »**Ich dachte, ich hätte.**«

Paola: »**Lüge!**«

Felix: »**Nun reg dich nicht so auf. Ein simpler Gruß – der wird schon nicht so wichtig sein, oder?**«

Kapitaler Kardinalirrtum! Sie resümieren: »**Wenn du schon bei solchen Lappalien lügst, wieso sollte ich dir da erst bei den großen Sachen vertrauen!?**«

Versuchen sollten Sie auch folgenden Trick:

Simon: »**Sag mal, mein Schatz: – Liebst du mich?**«

Garfunkel: »**Wieso fragst du?**«

Simon: »**Weiche mir nicht aus.**«

Und dann verlangen Sie Beweise, gern auch unter spontaner Einbeziehung seltener Edelmetalle.

Unpünktlichkeit

Es gibt keine zwei Menschen, die gleichmäßig pünktlich sind. Selbst unter erprobten Pedanten ist es immer mindestens einer, dem vorgeworfen werden kann: »**Es ist unerträglich, wie du mich ständig hetzt!**« Worauf der andere bemerkt: »**Ich habe nur beim Warten gesagt: ›Gib mir bitte Bescheid, wenn du fertig bist.‹ Ganz höflich.**« Das war doch nett gemeint. »**Aber du hast ›schriftlich‹ gesagt!**«

»**Du kannst gleich allein zu dieser scheiß ...**« – Veranstaltung gehen. »**Wäre das ein Verlust?**«, könnte man provokant fragen. Doch friedliebende Hetzer wechseln nun auf ein angenehmeres Thema, etwa das geplante Präsent: »**Bevor ich's vergesse: Erinnerst du mich bitte Montag daran, daß ich dir eine Uhr schenke?**« Natürlich eine billige, »**die kannst du ruhig verbummeln, so wie letztes Jahr dieses ...**«

Entzündet sich der Ehekrach am Problem der Verspätung, wird ausführlich die Frage gestellt, wer die Verantwortung für sie trägt. Wäre man »**schon längst**« und damit rechtzeitig »**fertig, wenn du mich nicht dauernd so hetzen würdest!**«, oder gehört der geliebteste Mitmensch wirklich zu jenen Unbelehrbaren, die »**offenbar nicht begreifen können, daß die mit dem Beginn des ›Thannhäuser‹ nicht auf uns warten**«?

Regelmäßig wird in diesem Zusammenhang auch ein zeitlos modisches Dauerthema angesprochen: »**Ich weiß nicht, was ich anziehen soll**«, was meistens einen einfachen Grund hat: »**Ich hab nichts anzuziehen!**« Das sieht aus der Distanz oft anders aus: »**Dein Kleiderschrank platzt beinahe vor lauter Plünnen!**«, den Haufen davor nicht mal mitgerechnet. Dann wird man scheinheilig gebeten, die Qual der Wahl zu erleichtern. »**Was gefällt dir besser?**« Jeder Vorschlag kann nun genüßlich verworfen, manche sogar vorgeworfen werden, vor allem, wenn der Dame des Hauses aufstößt, daß ihr Liebster sie auch zur Oper am liebsten in einem Mini gehen sähe, wie er für billige Flittchen typisch ist.

Die lieben Kleinen

Der einseitige Kinderwunsch der Frau gibt ein schönes Krachthema ab: »**Ich will ein Kind – und zwar bevor ich in Rente gehe! Verstehst du das nicht?**« Nein, wie so vieles zuvor auch schon nicht. Der Mann steht auf der Seite der Kindervermeidung, weil er weiß, daß die Frau am Ende ihm das Kind vorwerfen wird, das ihr jahrelang auf die Nerven fällt. Er fragt zu recht: »**Ist es meine**

Schuld, wenn du zu blöde bist, regelmäßig die Pille zu nehmen?« Daß er sie nicht täglich an die Schluckpflicht erinnert hatte, lag auch allein an ihr. Ständig hätte sie sich sonst beschwert und gefordert, daß er sie **»nicht wie ein hilfloses Dummchen behandeln«** solle, nur weil sie blond ist und Geisteswissenschaften studiert.

Über Fragen der Erziehung kann man prächtig aneinandergeraten. **»Du verwöhnst die Kinder!«** – aber nur, **»weil sie bei dir die Liebe und Geborgenheit nicht bekommen, die Kinder nun mal brauchen«**, kein Wunder bei einem **»solchen Psychokrüppel, wie du einer bist.«**

Doch nicht nur der (oder die) Angebetete, auch die Kids machen gelegentlich Probleme. Dann heißt es: **»Deine Kinder haben wieder mal ...«**, obwohl es sich doch bei den kostspieligen Versagern in Schule und Leben um **»deine genauso sehr wie meine Kinder«** handelt. Männer finden das unfair und ärgern sich über die Gedächtnisschwäche der Mutter: **»Erinnere dich bitte: Ich war immer für die Abtreibung.«**

Trotzdem **»kommen die Kinder ganz nach dir.«** Der Mann zweifelt: **»Wenn sie überhaupt von mir sind.«**

Und selbst über den Undank der Kinder kann noch gestritten werden: **»Wenn du sie damals so erzogen hättest, wie ich immer wollte, dann hätten sie uns jetzt nicht in dieses Heim hier abgeschoben.«**

DIE SCHÖNSTEN KULISSEN

Man kann einen Ehekrach überall inszenieren. Jede Bühne hat ihre eigene Atmosphäre, die nicht ohne Auswirkungen auf Thematik und Methodik des Streitens bleiben kann. Sehen wir uns ein paar der schönsten Kulissen für Ihren Krach etwas genauer an:

Krach im Badezimmer

Im Neonlicht des Aliberts beobachten Sie den täglich fortschreitenden Verfall Ihrer einstigen Eroberung, deren Körper sie damals gerade noch ertragen konnten. Männer fragen interessiert: »**Ist das eigentlich Zellulitis?**«, Frauen wollen wissen: »**Sag mal, kannst du deinen Schwanz eigentlich noch ohne Spiegel sehen?**«, trotz des behaarten Rettungsringes? Sie kocht halt gut, und das kann sie ihm doch nicht vorwerfen.

Wenn man im Badezimmer sieht, wen man da am Halse hat, muß man ja kleinlich werden. »**Ist es wirklich so schwer, sich die Zähne zu putzen, ohne den Spiegel mit Zahnpastatröpfchen vollzusauen?**«, bzw. »**nach dem Baden die Ränder in der Wanne**« zu beseitigen? Und dann diese ekligen kleine Haare!

Reinliche Frauen stoßen im Badezimmer auf zwei typische Begleiterscheinungen jeder Bindung an einen Mann: Dreck und Unverständnis. Er sagt: »**Sagrotan, Sagrotan, Sagrotan. Meinst du nicht, du solltest mit deinem Hygienefimmel mal zum Arzt gehen?**« Der Mann ignoriert die Vorteile, denn seine Liebste hat, »**im Gegensatz zu z.B. dir, noch nie Pilze eingeschleppt!**« Er zeigt trotzdem keine Reue, tätige schon gar nicht, denn der befallene Seitensprung war Weltklasse im Bett – ein echter Champignon.

Für den Umstand, daß »**du schon wieder meine Zahnbürste benutzt hast**«, möchte man am liebsten auf den Gatten losgehen und ihn mit der Nagelschere, – wo? – Augenblick ...: »**Du hast doch nicht etwa meine Nagelschere in deinen Hobbykeller geschleppt und ...**« – so kann man mit kleinlichen Frauen schon Probleme bekomen, wenn man ganz für sich mal ein bißchen Blech zuschneidet, anstatt es nur zu reden.

Doch was sind diese Nachlässigkeiten gegen die Verfehlungen der Frau? Erstens: »**In all den Jahren hast du kein einziges Mal eine Tube vernünftig zugeschraubt!**« Es ist schon erstaunlich, »**wie hilflos du dich anstellst. Manchmal wundert es mich, daß du dir ganz allein deinen Arsch abwischen kannst.**« Die Dame des Hauses schließt sich der Verwunderung an: »**Ja, wirklich komisch. Und das, obwohl du mir nicht ein einziges Mal erklärt hast, wie das geht.**«

In diesem Zusammenhang erinnert sie sich, »**wie die Küche ausgesehen hat, als du dieses raffinierte Ketchupgericht ...**« mit der sicherlich gesunden Holzkohlekruste ... – und wer hat danach alles saubermachen dürfen? »**Ich hätte es selbst getan, aber du hattest keine Geduld.**« Stimmt, aber »**das ist nach drei Tagen ja wohl auch kein Wunder.**« Nur Männer finden es interessant, wenn aus Eiern Maden und schließlich prächtige Schmetterlinge werden, und all dies im Schnellkochtopf.

Gern wird in der intimen Atmosphäre des Badezimmers über die Geruchsbelästigung nachgesonnen: »**Puh!**[10] **Dabei essen wir beide dasselbe!**«, Ihr Spatzl allerdings auch <u>während</u> der endlosen Sitzungen. Iiihhhh! Übrigens »**kannst du noch nicht mal zivilisiert kauen. Du schmatzt wie ein Schwein.**« Dafür »**lachst <u>du</u> wie ein Pferd.**« Und »**du bist wie ein Kaninchen im Bett.**« Moment mal: »**Woher willst du das wissen?**« Hat das Miststück Verkehr mit den Tieren, die es so liebt?

Zeitprobleme treten in der gekachelten Kulisse täglich auf: »**Brauchen andere Leute eigentlich auch zwei Stunden, um sich die Haare zu kämmen?**« Was ja immer noch wenig ist, verglichen »**mit deinen 45 Minuten, die du zum Zeitunglesen brauchst.**« Doch der Raucher auf der Brille – und das ist der entscheidende Unterschied – bietet an: »**Ich habe aber nichts dagegen, wenn du dich gleichzeitig im Badezimmer aufhälst.**« Das ist zu nett. Man kann es kaum annehmen.

[10] Nicht jedem ist es gegeben, die Luft länger als 10 Minuten anzuhalten. Taucherinnenhaushalte haben Heimvorteil.

Krach im Schlafzimmer

Leicht entzündet sich der Krach an den Nebenwirkungen des gegnerischen Schlafverhaltens. Sie bemängeln:

Schnarchen
Wegziehen der Decke
Zähneknirschen
Schweißfüße
nächtliches Umsichschlagen oder Wälzen
Bettnässen
sexuelle Belästigung

Beschweren Sie sich aber nicht, wenn Ihr Herzblatt im Schlaf brabbelt. Eines Tages können Sie diesen gegrummelten Monologen bestimmt Material für einen ganz großen Krach entnehmen.

Selbst das perfekte erotische Glück kann einen deftigen Ehekrach einleiten: »**Wir verstehen uns nur noch im Bett!**« Naja, immerhin etwas, andere wären glücklich ...

Meist allerdings werden hitzige Debatten um eheliche Pflicht und Kür geführt. Der eine Partner, meist ist dies der Mann, will immer – »**Ich liebe dich eben.**« Der andere hat trotzdem »**fürchterliche Kopfschmerzen**« und deswegen auch keine Reizwäsche angezogen. Traurig merkt der Mann an: »**Ich kann mich ans letzte Mal schon nicht mehr erinnern.**« Nein? »**Aber ich – leider.**« Wenn einmal beide nicht wollen, so streiten dies beide ab.

Die Frau ist scheiße im Bett

Warum klappt es nicht im Bett? Die Frau wirft dem Mann seine Stärke vor: »**Das ist schon immer deine Stärke gewesen: viel versprechen und nichts halten.**« Er kann Spaß vertragen. »**Komm, komm. Bisher hat es dir auch immer Spaß gemacht**«, sagt er mit wissendem Lächeln, muß aber gleich darauf erfahren: »**Kein einziges Mal ist es mir gekommen seit Mai 19 ... – laß mich nachdenken ... – Mai 1985.**« Alles war Schauspielerei! Heuchlerin! Und dabei »**habe ich eine Engelsgeduld mit deiner Frigidität gehabt**« – und zwar zwischen Kennenlernen und Mai 1985.

Sie glaubt ihm die behauptete Liebe nicht, denn sie ist für ihn »**doch nur eine Doofe, die die Beine breit macht, wenn es dir gefällt.**« Da unterschätzt sie aber seinen Vermehrungsimpuls! Wie oft hätte es ihm gefallen – »**hätte! Aber nichts, nullo, Fehlanzeige!**« Die Frau holt einen 50er aus dem Portemonnaie und drückt ihn ihrem unausgelasteten Beschäler in die Hand mit der Empfehlung: »**Dann geh doch zu Monika, die ist auch nicht viel häßlicher als ich.**« Aber dankbarer! Dort fühlen sich »**du und deine widerlichen Porno-Phantasien!**« bestimmt zu Haus.

Eigentlich wahr, denkt sich der Mann, denn in der Tat ist sein Mäuschen »**vergleichsweise scheiße im Bett**« und zudem bei schlechter Prognose: »**Lernwillig warst du ja noch nie.**« Bleibt ihm nur zu hoffen: »**Vielleicht erklärt dir ja der Nächste, wo's lang geht.**« Der Mann nimmt den Hut und hört kaum noch ihren Abschiedsgruß: »**Du wirst schon noch merken, was du an mir hattest.**« Und ein letztes Wort des Trostes schickt sie hinterher: »**Du hast doch deine Heftchen.**« Hatte er, denn, Sie erinnern sich, die sind ja weggeschmissen worden.

Der Mann ist scheiße im Bett

Männer gehen bewußter mit der Zeit um als Frauen, weshalb sie »**immer gleich reinstecken, wie ein Tier**«, und trotzdem haben sie »**dich ziemlich lange vorher gestreichelt und geküßt**«, obwohl dies nur ein Kompromiß war: eine richtige Frau ist schon feucht, wenn sie nur an ihn denkt, denn schließlich ist er nicht nur als Liebhaber das Beste, was ihr passieren konnte. Die durchschnittliche Erbsenprinzessin sieht dies nicht so, sie gerät ins Schwärmen und sinniert laut darüber nach, wie »anders« da doch sein Vorgänger war, der **»wunderbar gekocht«** und **»mich immer vorher massiert«** hat. **»Der ließ sich im Bett was einfallen«** – hier folgen erstaunliche Details[11] auf Minute und Zentimeter genau – mit ihm hat man sich **»in jeder Hinsicht verstanden«**, denn **»das war ein richtiger Mann«**, nicht so ein **»aufgeblasener Macho mit Hühnerbrust wie du.«**

Während der Mann sich vornimmt, demnächst Sport zu treiben, sagt sie: **»Du, ich bin müde. Laß mich schlafen, ja?«** Gute Nacht. Der Atem wird tief und regelmäßig. **»Schläfst du schon?«** Keine Antwort. Grummel grummel. Sie dreht sich um. Nochmal grummel. Wenn sie schläft, so denkt er sich in der Hoffnung, daß sie sich nur schlafend gestellt hat, dann kann sie auch nichts dagegen haben, wenn er sich ein wenig selbst befriedigt. Er läßt, nicht ohne Schmerz, in der Erinnerung seine Heftchen Revue passieren.

Nicht nur als Sexbombe versagt der Mann im Schlafzimmer, sondern auch als Redner. **»Laß uns morgen darüber reden«**, antwortet er seiner Göttin zum x-ten Male, wenn die Rede auf wirklich wichtige Probleme kommt. Bis dahin liest frau in Büchern über Frida Kahlo und von Gabriele Wohmann, wenn nicht sogar Elfriede Jelinek – bei Festbeleuchtung, man will ja seinen Augen nicht schaden. Der Angebetete wälzt sich hin und her. Sie läßt ihn im Regelfall so tief schlafen, wie ihm das gelingt, weckt ihn aber auf und macht ihn zur Schnecke, wenn sie im Lichtkegel der Leselampe Kratzer, blaue und Knutschflecken aus der Fertigung der Konkurrenz an ihm entdeckt. Aber auch ohne nächtliche Szene wird er morgen gerädert aufwachen und beim Frühstück sagen: **»Laß uns heute abend darüber sprechen.«**

[11] Gern auch leicht übertriebene

Der Krach vor dem Fernseher

Wenn sie nicht gerade rastlos in mondbeschienenen Zuckerrohrplantagen herumgehen, sitzen die Untoten der Karibik in Ihrer Couchgarnitur und schauen zombiemäßig in die Röhre. »Lindenstraße« oder »Torwand« gehen vor – vor allem. Es wird als Störung empfunden, wenn Sie nun ein paar wichtige Themen anschneiden oder höflich um diesen oder jenen Gefallen bitten. »**Gleich, Liebes, würdest du jetzt bitte mal still sein?**« Natürlich lassen sich interessante Themen, einmal angeschnitten, nicht gar so abrupt beenden. »**Kannst du nicht eine Minute deinen Mund halten?**« Ja, ja gleich, vorher sollte Ihr Mann aber noch erfahren ... – aber er will wohl nicht, ruft er doch: »**Schnauze jetzt!**«

Ihr Dazwischenreden fördert auch Hunger und Durst. »**Wo bleibt mein Bier!?**« samt der ebenfalls vor Stunden schon bestellten Häppchen, die man ohne hinzusehen runterschlingen kann?

Erfahrene Eheleute wissen genau, welche Momente ihr Partner während einer Sendung besonders spannend findet. Exakt dann muß die Fernbedienung benutzt werden. Täglich aufs neue kann man sich darüber streiten, wer umschalten darf, bzw. wer die Fernbedienung nicht wieder dahin gelegt hat, wo sie eigentlich immer liegt.

Vor der Einführung des Fernsehers war alles irgendwie gesünder, kommunikationsmäßig gesehen. Mit »**Mach doch den Quatschkasten aus!**« weist man den anderen darauf hin, daß er ständig jeden Scheiß ansieht, und wird angemault: »**Wenn man einmal was sehen will ...!**«

Nach einer kurzen Diskussion über den Stil im allgemeinen Umgang miteinander wird das Gerät abgeschaltet, wobei nicht der Ein-Aus-Schalter gedrückt, sondern mit großer Geste der Netzstecker aus der Dose gerissen wer-

den muß. Bauen Sie sich nun breitbeinig vor der leblosen Mattscheibe auf – eine personifizierte Anklage: »**Du hast versprochen, an diesem Sonntag etwas mit mir zu unternehmen. Heute ist dieser Sonntag.**«

Als krönender Höhepunkt dieser gern gegebenen Szenen einer Ehe im Wohnzimmer kann der ganze Apparat entsorgt werden, natürlich durchs geschlossene Fenster.

Im Auto

In der rollenden Sardinendose baut sich schnell das nötige Reizklima für einen Ehekrach auf, besonders im Berufsverkehr oder auf nicht enden wollenden Urlaubsreisen. Mancher Beifahrer wird interessiert fragen: »**Wann sind wir endlich da?**« Da ist ein wenig geographischer Nachhilfeunterricht in Erdkunde notwendig: »**Korsika ist nun mal weiter weg als Helgoland.**«, wenn es in dem Audi 100 cc auch genauso umständlich zu erreichen sein mag.

Die Kompetenz in Fragen der Himmelsrichtung läßt sich leicht absprechen, und verwertbare Fahrfehler nehmen mit den im Streit zurückgelegten Kilometern zu. Bevor gewettert wird, erkundigt man sich: »**Nennst du das Autofahren?**« und fragt aus Gründen der eigenen Sicherheit: »**Hast du eigentlich einen Führerschein?**« Fazit: »**Frau am Steuer.**« Bzw.: »**So aggressiv und rücksichtslos fahren nur Männer.**« – vor allem, wenn sie Probleme mit ihrer Männlichkeit haben (siehe also unter »Der Mann ist scheiße im Bett« weiter oben).

Generyte Fahrer legen zur Entspannung einen kurzen Zwischenstopp ein und bieten höflich an: »**Du kannst gerne aussteigen!**« Wird die dritte gleichlautende Offerte nicht angenommen, erklärt der Fahrer genau, was der Beifahrer noch tun kann, um im Wald ausgesetzt zu werden.

Immer wieder hört man auch einen Vorschlag seitens des fahrenden Partners, der gleich darauf wieder zurückgenommen wird, weil die Angst ums eigene Leben obsiegt: »**Dann fahr doch selber!**«

Den konservativen Beifahrer kann man nicht leicht von den wissenschaftlichen Methoden der Zeitersparnis überzeugen: »**Du und deine Abkürzungen!**« Die Südbrücke »**wäre zehnmal schneller gewesen**«, und »**du hättest in der mittleren Spur bleiben sollen, wie ich dir gesagt habe.**« Nein, denn erstens ist der innere Stadtring landschaftlich interessanter, und zweitens kann doch keiner ahnen, daß Berufsverkehr ist, nur weil alle Büros gerade Feierabend machen.

Gern schätzt der Beifahrer auch die Ausmaße der Parklücke: »**Da paßt ein LKW mit Anhänger rein!**«

Ein Hinweis zur Richtgeschwindigkeit: »**Hier darf man übrigens 60 fahren!**« Sie können das rechte Knie des Fahrers streicheln und runterdrücken, bis die erforderliche Reisegeschwindigkeit erreicht ist, und anspielungsreich fragen: »**Ist das schon der Parkplatz oder noch die Autobahn?**« Sollte der Fahrer nach angemessener Bedenkzeit nicht wahrheitsgemäß und fehlerfrei antworten, so erklären Sie: »**Nur zu deiner Information: Dies ist keine Spielstraße, keine Fußgängerzone, keine Verkehrsberuhigung – sondern eine – na, was wohl? – A-u-t-o-b-a-h-n!**«

Auch an der Ampel ist die Unterstützung durch den Beifahrer oft von Nöten: »**Es ist G-R-Ü-N!**«, und »**grüner wird's nicht!**«

Das gemeinsame Fahrziel und seine Erreichung können Sie immer als Basis für einen Krach verwenden. Kennt der Fahrer den genauen Weg, so weisen Sie weit vor dem nächsten Abbiegen darauf hin, daß man »**an der übernächsten Ampel links abbiegen**« muß. Der Fahrer erwidert: »**Das weiß ich selber.**« Aber Sie lassen sich nicht beirren und geben weiter Ihre Fahrtrichtungshinweise. Bei irgendeinem Abzweig sagen Sie mal nichts, und schon fährt dieser Blindfisch dran vorbei. »**Siehste!**«

In einer noch besseren Position befinden Sie sich, wenn nur Sie den Weg kennen. Sie schwanken mit Ihren Kommandos, bis der Fahrer ungeduldig fragt: »**Was denn jetzt!? Links oder rechts!?**« Natürlich – »**Äh, ja ... also – ach ja, links. Oh. Jetzt bist du schon dran vorbeigefahren.**« Ist doch klar – links. So ein Idiot! Dabei hatten Sie doch ausdrücklich angeordnet: »**Fahr jetzt mal ein bißchen langsamer.**«

Überhaupt ist die Geschwindigkeit immer für ein Mißverständnis gut. Als Fahrer bemerkt man häufiger das Interesse der Chauffierten: »**Willst du uns umbringen?**« Doppelselbstmord? An sich sehr romantisch und in Japan auch sehr beliebt. Der Fahrer läßt es sich durch den Kopf gehen. Die Philosophie des engagierten Fahrens kennt noch viele andere offene Fragen, aber fest steht: »**Das ist immer noch mein Wagen!**« Dem Mann kann seine Affenliebe zum Kraftfahrzeug vorgehalten werden, wobei der Querverweis auf Pornokonsum nie fehlen sollte.

Im Urlaub

Der gemeinsame Urlaub lockt auch den letzten Krachmuffel aus der Reserve. Tagelang weiß man nichts mit sich und einander anzufangen. Ständig umgeben einen paarungswillige Fremde, dauernd ist der Alkoholpegel hoch.

Drittweltländer mit null Freizeitangebot eignen sich besonders gut für Fans des Ehekrachs, ebenso der Aufenthalt in Schlechtwettergebieten. Dankesbriefe von frischversöhnten Paaren an die Autoren betrügerischer Reiseprospekte bestätigen diese Beobachtungen.

Im richtigen Moment machen Sie Ihre bessere Hälfte für den Verlust der schönsten Tage des Jahres plus des schönen Geldes verantwortlich, denn »**du mußtest ja unbedingt nach ...**« hier und »**wolltest mal wieder nicht auf mich hören!**«, weshalb man jetzt den Salat hat und gemeinsam auslöffeln muß.

Vor Gästen im Wohnzimmer

Wenn sie Gäste haben, reißen sich die meisten Paare ausnahmsweise zusammen und spielen Friede, Freude, Eierkuchen – bis sich einer entschließt, mit dem Ehekrach anzufangen. Wegen irgendwas. Der andere zischelt: »**Nicht jetzt!**«, nicht vor »**unseren Gästen**«, auch wenn es »**doch nur deine bekloppten**« Freunde, Kollegen oder Verwandten sind.

Aber alles Abwiegeln nützt nichts. Der streitsüchtige Partner führt sich auf, als wäre man allein. Die Gäste tun pikiert, zwinkern einander aber schon erwartungsfroh zu.

Die zivilisiertere Hälfte des Paares wendet sich mit einem gequälten Lächeln an die Gäste: »**Entschuldigt mich bitte ein Sekündchen, ja?**« und schubst das peinliche Herzblatt streng in Küche oder Bad, um es dort anzuschreien: »**Reiß dich zusammen!**«

Immer lauter rumort es in den Räumen mit der Aufschrift »privat«, und irgend jemand hat längst die Musik leiser gedreht, damit man auch den genuschelten Teil versteht. Allgemeines Händereiben, weil Vorfreude.

Plötzlich treten die Akteure keifend aus den Kulissen hervor. Betroffenes Schweigen im Publikum. Man kann hören, wie mehrere Gäste nun nach alter Väter Sitte die mitgebrachten Stecknadeln fallenlassen. Ein schöner Brauch.

Die Akteure scheinen die Umwelt vergessen zu haben. Es wird gekränkt und gepöbelt, Tränen rollen, und körbeweise breitet man Schmutzwäsche aus. »**Jetzt werde ich mal ›deinen‹ feinen Gästen erzählen, was für einer du in Wirklichkeit bist!**« Bitte nicht! »**Das ist nicht der richtige Zeitpunkt, um ...**« – »**Doch, genau der richtige Zeitpunkt sogar!**« Es folgt die Bloßstellung des (oder der) Geliebten: »**Und dieser Mensch dort, den ihr alle als nett, hilfsbereit, kollegial und erfolgreich kennt, ist in Wirklichkeit ...**« – »**Du hast getrunken!**«

Das Publikum reißt Augen und Münder auf. Staunikowski, wer hätte das gedacht!? Bald bilden sich Fraktionen, und auch unter der Gästeschar kommt eine lautstarke Diskussion in Gang:

Albano: »**Wo er recht hat, hat er recht.**«
Romina: »**Also ich kann ihren Standpunkt viel besser verstehen. Wenn ich sie wäre, würde ich ...**«
Albano: »**Aber leider bist du nicht sie!**«
Romina: »**Wenn ich dir nicht gut genug bin, dann ...**«

usw. usw.

Das Chaos, das Gäste ohnehin erzeugen, bietet ein stimmiges Bild, in das sich Gastgeber harmonisch einfügen, die einander nun mit Getränken beschütten, weil ihnen Torten und Nudelsalat längst ausgegangen sind.

Spätestens jetzt wollen sich alle einmischen. Schon ertönen Anfeuerungsrufe. Aber nun spricht Gast zu Gast: »**Halt dich da raus!**« – »**Ich wollte ja nur ...**« – »**Das müssen die beiden unter sich ausmachen, Hans!**« Oder die drei, denn der Krachgrund ist oft anwesend und immer noch scharf auf einen der Gastgeber.

Ein Meinungsführer gibt allen Gästen ein unauffälliges Handzeichen. Alle sehen auf die Uhr. Allen fällt ein, daß sie noch den Rasen mähen wollten. Dies ist die Zeit zum vorzeitigen Aufbruch.

Gesellschaftliche Anlässe

Streitbare Paare sind gern gesehene Partygäste. Sie kosten wenig und hängen einem nie zum Halse raus wie Bauchtanz, Zaubern oder andere kostenpflichtige Versuche, das Programm aufzulockern.

Beim Aufbruch zu Hause bringt man sich schon in die richtige Grundstimmung, wenn auch noch ohne Alkohol und andere Drogen. Gern vergißt der Partner, daß er auch Statussymbol ist. **»Wie du schon wieder aussiehst. Hättest du nicht ausnahmsweise mal was Vernünftiges anziehen können?«** Natürlich. Aber: **»Für wen?«** Und außerdem: **»Ich kann nicht immer dieselben Klamotten tragen.«** Was im Prinzip auch heißt: **»Ich habe nichts anzuziehen.«** – ein Thema, das bereits vor dem Aufbruch regelmäßig zum Krach führt und weiter oben schon behandelt wurde.

Der kluge Gastgeber verabfolgt dem hitzigen Paar zur Begrüßung ein paar besonders kernige Cocktails und bringt die beiden dann – nur zufällig muß es wirken! – mit Reizthemen und reizenden Ex-Affären zusammen. Und schon geht's los!

Alle freuen sich und schließen Wetten ab. Aber alles hat mal ein Ende. Auf dem Höhepunkt der dramatischen Einlage vor sachverständigem Publikum erklingt mit Theaterdonner: **»Ich gehe jetzt!«** Worauf die bessere Hälfte sagen sollte: **»Ja, fein, dann geh doch. Ich amüsiere mich ohne dich sowieso viel besser.«**

Das war's, Wiedersehen – und es wird ein Nachspiel haben. Der oder die Hinterbliebene erklärt, die gegangene Hälfte **»ist immer so. Verstockt, verbiestert, zu.«**

Von einem Weggang läßt man sich die Laune nicht versauen. Noch zwei Doppelte, bitte. Wenn man kurz darauf ebenfalls nach Hause geht, dann liegt das daran, daß man sich eine so schöne Chance nicht entgehen lassen will, den Ehekrach in den eigenen vier Wänden eskalieren zu lassen. Was einen aus den verrauchten Partyräumen treibt, ist die Vorfreude auf eine leidenschaftliche Versöhnung. Und geschmort hat der andere inzwischen auch lange genug.

Partythemen

Auf keiner Party sollten Sie sich die folgenden Krach-Themen entgehen lassen, die sich auch ganz am Rande ohne Zeugen prima nutzen lassen:

Tanken: **»Du trinkst zuviel, du hast genug!«** Nein, **»ich kann noch fahren!«** Im übrigen: **»Paß doch auf, wo du hinkotzt!«**

Eifersucht: **»Es ist ja widerlich, wie offensichtlich du dich an diese Type rangeschmissen hast.«** Die Erklärung ist einfach: **»Du wolltest ja nicht tanzen.«**

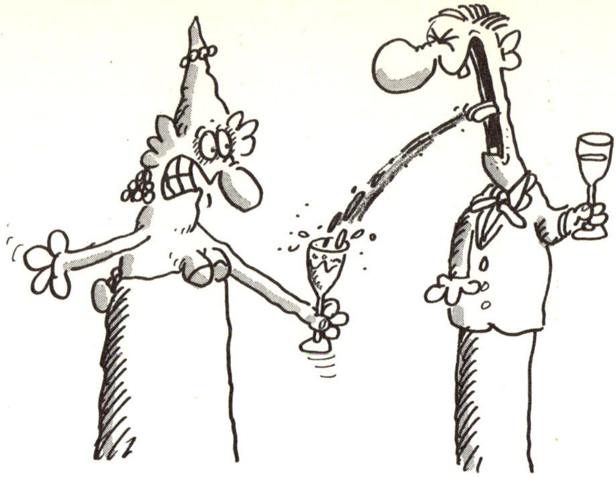

Aber das eben war mehr als tanzen. »**Wie steh ich denn da, wenn du vor allen Leuten so mit anderen rummachst!?**« Ist da jemand kleinlich? »**Man wird ja wohl noch zurücklächeln dürfen.**« Hier muß klargestellt werden: »**Logo – ›zurücklächeln‹! Aber nicht mit den Händen.**« Und überhaupt »Lambada«!

Aufbruch: »**Laß uns gehen. Ich find's langweilig.**« Komisch, denn »**du wolltest doch unbedingt hierher!**« – »**Wollte**« ja, »**aber jetzt reicht's mir. Ich bin müde und mir ist schlecht.**« Na schön, »**aber mir nicht. Du kannst ja schon mal vorgehen, ich bleibe noch.**« Ach so? »**Dann bleib ich auch noch.**« Hm. »**Nein, nein, geh ruhig.**« Moment mal: »**Du willst mich wohl loswerden. Verstehe. Und ich weiß auch ganz genau warum ...**« – und so geht es endlos weiter.

Restaurant und Kneipe, sonstige Öffentlichkeit

Vor allem geeignet für Paare, denen es Freude bereitet, wenn ihnen Fremde zuschauen.

Kino

Wer übernimmt die Verantwortung für die Programmauswahl und darf sich daher nicht selbst über das Machwerk von Wim Wenders beschweren? »**Du wolltest doch diesen Film sehen.**« Auch unterhaltsame Ersatzhandlungen werden abgewehrt: »**Nimm deine Pfoten da weg!**« Da kann der Wenders-Schinken noch so langweilig sein.

Krachthema Numero eins im Kino ist immer noch das Mitteilungsbedürfnis des (bzw. der) Geliebten: »**Sei endlich still!**« Selten fehlt der pädagogisch sinnvolle Hinweis, daß »**wir hier im Kino sind.**«

Für diese Krachkulisse findet man beim Massenpublikum besonders wenig Verständnis, weil die Streiter meist zu leise sind, um das gesamte Auditorium unterhalten zu können. Stattdessen zischeln die anderen Kinobesucher: »**Ruhe da vorne!**« Der Ehekrach im Kino führt also zu einer besonders raschen Versöhnung, weil man sich gegen die pöbelnden Nachbarn verbünden kann.

DER INDIREKTE STREIT

Sich selbst einschließen

Begüterte Familien benutzen für die Momente der Einkehr und Besinnung ihre hauseigene Kapelle. Der Normalbürger zieht sich aufs Klo zurück und sperrt sich ein, wenn er oder sie beleidigt, erniedrigt, verzweifelt ist. Mit feuchten Augen versucht man, sich auf die Zwiesprache mit Gott zu konzentrieren, wird aber ständig gestört vom Intimpartner, der gegen die Tür poltert und mit krampfhaft unter Kontrolle gehaltener, oft lockender, harmloser Stimme sagt: »**Was soll der Scheiß? Komm schon, mach endlich auf!**« Nun folgen die Versprechungen: »**Meinetwegen kannst du ja ...**« – aber dem ist nicht zu trauen. Es darf weiter geschmollt und in den Liebesbriefen geschmökert werden, die einem einst ein viel, viel verständnisvollerer Mensch geschickt hatte als der, der sich an der Tür zu schaffen macht.

Im gekachelten Allerheiligsten werden nun wortlos die häßlichsten Grimassen in Richtung Tür geschnitten und die Zunge rausgestreckt. Nicht immer kann man die eigenen Fratzen im Spiegel mitverfolgen, weil manchmal der listige Partner das Licht von außen ausmacht.

Eingeschlossene Frauen harren aus, bis die verheulten Augen wieder normal aussehen. Rechtzeitig an ausreichend Proviant denken. Das bringt den ausgesperrten Mann in eine peinliche Situation. Ziemlich unter Druck wird er sich an die Nachbarn wenden müssen: »**Dürfte ich bitte mal Ihr WC benutzen?**« Und man muß es wohl als wissend bezeichnen, dieses hochnäsige Lächeln, mit dem nun zurückgefragt wird: »**Wieso? Ist Ihr Klo schon wieder ›verstopft‹?**«

Nicht jeder Mann verfügt über derartigen Langmut. Lieber zählt er bis zur höchsten natürlichen Zahl, die ihm vom Hörensagen bekannt ist (also ca. 10) und gibt dann nach dem Vorbild des deutschen Boxers Bubi Scholz ein paar Warnschüsse durch die Klotür ab. Später erklärt er dann: »**Naja, Herr Wachtmeister, ich wollte das Schloß aufschießen, weil ich dachte, es klemmt. Und ich mußte mal dringend groß ...**«

Aussperrung

Meist ist es der Mann, dem Laken und Decke auf dem Wohnzimmerboden verstreut werden, auf daß er es sich dort gemütlich mache. Ist ja nur für eine Übergangszeit, bis die Frau zurückzieht – zurück zu den Eltern, in die WG oder zu seinem Vorgänger, diesem verständnisvollen Supermann. Gelegentlich macht sie aber vor dem Zurückziehen einen Rückzieher.

Jede Aussperrung unterstreicht den Ernst der Lage und macht aus einem lahmen Thema eine Existenzfrage. Im realen Leben ist die Aussperrung die natürliche Reaktion auf einen Streik. In einer Partnerbeziehung sind beide Kampfmittel in der Hand der Frau vereint, die, neben der Aussperrung, auch Putzen und Geschlechtsverkehr verweigert. Ein klassischer Fall von Monopol, der seit Jahren vom Bundeskartellamt ungerügt gelassen wird.

Wortlos und wutschnaubend knallt der Mann die Haustür hinter sich zu und verschwindet in die Kneipe. Dort trifft er auf Verständnis und verspricht 2,3 Promille später seinen Kumpanen: »**Ich geh jetzt heim und mach die Sau zur Schnecke.**«

So steht der Herr im Haus morgens um halb drei vor dem Haus und kurz davor, den Beweis anzutreten, »**wer hier der Herr im Hause ist.**« Doch da muß er bemerken, daß sein Schlüssel nicht mehr paßt. Sonst stellt sich die Frau in technischen Dingen immer unfähig an. War alles reine Verstellung. Irgendwie hat sie das Schloß manipuliert.

Über die Sprechanlage antwortet sie ihm auf sein heftiges Sturmklingeln: »**Das ist mir scheißegal. Dann schlaf halt unter der Brücke!**«, weil sie ihn schon immer für einen Penner gehalten hat. Kein Geld fürs Hotel, ziemlich einen getankt, und vor Freunden will man sich auch nicht entblößen – also durchstreift der Mann rastlos die schlafende Stadt und beobachtet seinen Bart beim Wachsen. Am nächsten Morgen erscheint er zerknittert am sicheren Arbeitsplatz – wo man gut daran tut, ihm keine Fragen zu stellen.

Doch auch die Frau hat Nachteile von der Aussperrung: Ihr Angebeteter ist nach einer solchen Nacht mit nachfolgendem Arbeitsdienst zu entkräftet für eine anständige Versöhnung.

Fernmündliche Streitformen

Ein teurer Spaß auch bei innerörtlichen Krisen, denn meist werden schnell hintereinander zahllose Gespräche geführt, die aber extrem kurz sind.

Ständig knallt man wechselseitig mitten im Satz des anderen den Hörer auf die Gabel, um wenige Sekunden später erneut anzurufen, denn: »**Warum hast du nicht zurückgerufen?**« Ganz klar: »**Weil du mitten im Satz aufgelegt hast!**« Aber ist das ein Grund? Nein.

Peng, das reicht – wieder auflegen. Sekunden später ruft der andere zurück: »**Aber trotzdem sage ich dir nochmal, daß – ... hallo, bist du noch dran?**« Eindeutige Antwort: »**Nein.**« Schon wieder wird aufgelegt. Nochmal wählen: »**So kannst du mich nicht absp –.**«

Tja.

Hörer abnehmen, wählen, Hörer auf den Apparat knallen, wieder wählen. Besetzt. Nochmal wählen. Immer noch besetzt. Verdammt, der andere hat den Hörer neben der Gabel liegen. Der Wählfinger ist schon ganz wund. Sie hätten sich ein Komforttelefon mit Wahlwiederholung hinstellen lassen sollen.

Natürlich kommen auch stundenlange Telefonate vor. Im Gegensatz zur direkten Krachsituation können Sie Ihre wertvolle Zeit doppelt nutzen und im Hintergrund fernsehen oder während der Monologe Ihres Schätzchens einen stärkenden Imbiß einnehmen. Die Lautstärke regulieren Sie, indem Sie den Hörer weit genug vom Ohr weg halten.

Begehen Sie auf keinen Fall den Fehler, sich am Fernsprecher zu versöhnen! Auch der schönste Telefonsex kann nur ein fader Ersatz für das echte Erlebnis sein.

Briefe und Pinwand

Notizen findet man an der Wohnungstür, auf dem Schreibtisch, am Badezimmerspiegel, unter dem Scheibenwischer oder zwischen den ersten Seiten eines Pornoheftchens (sofern noch nicht weggeschmissen). Manche Haushalte haben sich extra für diese Art des Ehekrachs eine Pinwand oder eine Schultafel zentral installiert, was übrigens auch den Vorteil hat, daß Gäste jede Notiz »zufällig« entdecken und sich in die Beziehungs-Händel einmischen können.

Der Austausch der Noten eskaliert. Zuerst heißt es: »**Du bist mit Spülen dran!**« oder »**Das Regal ist immer noch nicht angedübelt!**« Geantwortet wird mit: »**Weiß ich selber**« oder »**Kannst du mir das nicht persönlich sagen?**«

Die Zettel sollten durchnumeriert und aufbewahrt werden, damit man im Alter eine Erinnerung an die gute alte Zeit hat.

SO BEREITET SICH DER KENNER VOR

Terminplanung für Fortgeschrittene

Einer fängt an, aber der andere zieht mit, jederzeit, außer: **»Wirklich, bitte – nicht jetzt. Ich bin bis hier oben zu mit wichtigeren Dingen.**« Wichtigere »Dinge« als das eigene liebste Herzchen? Kann es das geben? **»Wenn das alles ist, was ich dir bedeute . . . !**« Ja, Enttäuschung macht sich breit, wenn dem Partner wieder mal »Pflichten« vorgehen.

Wichtige MitbürgerInnen kennen die Zwickmühle: Einerseits juckt es einen schon, sich den Krach, und sei's nur der kleine Friedensunterbrecher für zwischendurch, nicht entgehen zu lassen. Gern würde man sich noch ein wenig zieren und die Situation anheizen, um dann zu sagen: **»Na gut, du hast es nicht anders gewollt. Jetzt werde ich dir mal meine Meinung sagen!«**

Dem, respektive der Liebsten platzt der Kragen, aber eben leider auch der feste Termin mit dem Vorgesetzten oder dem Vorsitzenden Richter beim Schwurgericht der ganz, ganz Großen Strafkammer. Hat aber Ihr Chef, haben Ihre Kunden oder wegen Totschlags angeklagten Freunde Verständnis für Ihr unentschuldigtes Fehlen? Der Beruf leidet, man beschwert sich über Sie. Nicht immer werden Sie den negativen Eintrag in die Kaderakte durch Beziehungen ausbügeln können.
Was tun?

Machen Sie Krach-Termine! Ihr Herzchen muß ja nicht merken, daß Sie schon eine Woche im voraus den Krach auf die gesetzlichen Feiertage vom Zuschnitt eines Karfreitag, Totensonntag, 2. Weihnachtstag etc. legen, also die mit Ausflugsstau auf allen Straßen und miesem Fernsehprogramm. Auch Wochenenden, speziell die verlängerten, können eigentlich immer durch einen kleinen Ehekrach bereichert werden. Lassen Sie sich aber genug zeitlichen Spielraum für die Versöhnung!

Die Inszenierung muß spontan wirken. Tragen Sie also für Donnerstag ein: **»Nicht vergessen. Heute abend schon ›komisch‹ sein! Diesmal: blöd rumdrucksen, Launen, einsilbige Antworten.«**

Paare, bei denen beide Beteiligten Leistungsträger in der Gesellschaft sind, stimmen sich über ihre Sekretariate in Termindingen ab.

Vorbereitungen, die man gern vergißt

Stellen Sie sicher, daß alle wichtigen Sendungen in der Zwischenzeit von ihrem Videogerät aufgezeichnet werden. Schalten Sie den Anrufbeantworter an. Wählen Sie unempfindliche Krach-Kleidung.

Gedungene Claquere bringen jeden Gegner aus dem Tritt. Manchmal kommt es zu Saalschlachten. Vor Beginn des eigentlichen Krachs müssen die eigenen Leute ein letztes Mal eingeschworen und aufgehetzt werden. Als erfahrener Hundezüchter wissen Sie ja, wie das geht.

Was man zur Sicherheit in Sicherheit bringen sollte

Alle klassischen Wertsachen, vor allem aber Fetische mit ideellem Wert sollten Sie streitsicher aufbewahren. Schließen Sie mit Rücksicht auf Ihre Freiheits- und Gesundheitsliebe auch alles weg, was immer schon als Werkzeug bei der Ausübung von Kapitalverbrechen diente oder derart zweckentfremdet werden könnte:

Planierraupe
Brotmesser
Baseballschläger
Seidenstrümpfe
E 605
»Rohrfrei«

etc.

Nur für den Fall, daß einer ausrastet! Wenn Sie sich perfekt gegen kreative Zweckentfremdung schützen wollen, so sperren Sie alle Räume Ihrer Wohnung, den Keller und die Garage ab und hinterlegen die Schlüssel beim Notar. Ein letzter Tip für Heimwerker: Die Sauna, die von Ihrer Familie ohnehin nicht angenommen worden war, können Sie zur hauseigenen Gummizelle umbauen.

SPEZIELLE PAARUNGEN UND DEREN BESONDERHEITEN

Krach in der katholischen Ehe

Schwer zu verwinden ist der Schock, wenn man an dem (oder der) Angetrauten heidnische Züge ausmachen muß. »**Du hast vor Gott geschworen ...**« –, und obwohl der Tod nicht nahe ist, scheiden sich die Geister an der Definition von Treue, dieser schwierigsten eheethischen Auslegungsfrage. Enttäuschung auch, wenn Zweifel an der Reinheit auftauchen. »**Gib's doch zu: Du willst gar keine Kinder, sondern nur das Eine!**«

Da wirken theologische Dispute vergleichsweise harmlos, aber man kann sich auch in die Haare bekommen, wenn einer glaubt, er wisse ganz genau, wie die Dreifaltigkeit gefaltet ist. Und an der Nasenspitze sieht man es dem Ehepartner an, der vor dem Ehebett kniet: »**Nie betest du für mich.**« Im Gegenteil: Häufig kommt Verfluchen vor.

Streit in der ganz, ganz offenen Ehe

Weil man sich in modernen Beziehungen darauf geeinigt hat, daß »**wir uns keine Rechenschaft schuldig sind**« und auch kein Recht auf Eifersucht haben, weil »**man einen Menschen nicht besitzen kann, sondern ständig neu erobern muß**«, deshalb darf man sich unter keinen Umständen zur Eifersucht bekennen – will man nicht Verlierer nach Punkten sein.

»**Ich will dich in deiner Entfaltung echt nicht einengen.**« Aber andererseits hat auch »**niemand diese Schwüre von dir verlangt**«, die einen neulich noch so gerührt hatten, daß man sich bereitwillig hin- und dabei alles gegeben hatte, was man vorher noch niemals jemanden hatte geben wollen. Ja, so kompliziert kann man das Wort Sex umschreiben, wenn es einem nicht einfallen will. »**Aber <u>wenn</u> du schon was versprichst, dann werde ich wohl erwarten dürfen, daß du dazu stehst!**« Als aufgeklärter Verbraucher lassen Sie sich das Recht zur Reklamation nicht nehmen – selbst wenn die Frage der Garantiezeit umstritten sein mag oder die gegnerische Seite behauptet, auf der Verpackung hätte deutlich das Verfallsdatum gestanden.

Nein, bürgerlich ist das nicht und spießig schon überhaupt nicht. Nach der Versöhnung beginnt ein neuer Abrechnungszeitraum, auch für die totale Offenheit.

Ein Tip für diesen Personenkreis: Gerade die ganz, ganz offene Ehe ist bei progressiven Pedanten beliebt. Sie sollten für den feierlichen Akt der Verzeihung ein kleines Schriftstück aufsetzen und abzeichnen lassen. Dann gibt's beim nächsten Mal keine Probleme, welche Verfehlungen mitgezählt werden dürfen und welche als erledigt zu betrachten sind.

Krach in der Mischehe

Alle hatten es schon immer gewußt, nur man selbst war so unverzeihlich ignorant gegen die ansonsten bewährte Urteilsfähigkeit der Freunde und Verwandten. Ja sogar die eigene innere Stimme wollte man nicht verstehen, obwohl sie eindeutig nicht halb so nachlässig Kisuaheli sprach wie der dunkelhäutige Intimpartner. Nun aber stellt es sich nach langem Feldversuch heraus, und zwar auf besonders gut deutsch: Neger und Weiße, das paßt nicht zusammen. Alle Ausländer sind schlimmer als ihr Ruf, und Schlitzaugen kann man tatsächlich nicht über den Weg trauen. Bei allem Feuer im Glutauge und Paprika im Blut sind die doch recht begriffsstutzig: **»Du nix verstehen, daß hier Zivilisation nix primitiv!«**

Oft wird über die Knoblauchfrage gestritten, und das hat mit Rassismus nun wirklich nichts zu tun. Man hatte den Undeutschen schließlich eine faire Chance gegeben. Niemand hatte sie gezwungen, einen zu enttäuschen, primitiv, streng riechend und schmuddelig zu sein.

Man wünscht den eigenen großen Irrtum zurück in den elterlichen Kral oder auf seinen angestammten Arbeitsplatz im Pfefferanbau, unkündbar.

Krach bei Reichen

Vor dem Hauspersonal oder bedeutenden Gästen streitet sich das Jet-Set-Paar. Die materielle Schmerzgrenze liegt hoch, daher fliegen Ming-Vasen und Meißner Porzellan durch die Luft. Sensibel reagiert der aktuelle Mercedes auf Säure oder Hammerschlag, und die Van Goghs hat man sich inzwischen auch ein bißchen leidgesehen.

Der Mann will »**dir dummer Kuh**« in seiner Erregung neben der Gurgel auch »**den Geldhahn zudrehen**«, eine pädagogisch wertvolle Maßnahme, die aber scheitert: »**Ein Anruf beim Finanzamt oder diesem wie heißt er doch von der Deutschen Bank ...** «

Ach ja, seit drei Jahren läuft alles auf Ingrids Namen. Da kann sie leicht behaupten: »**Ich scheiß auf dein Geld!**« Einerseits, weil sie den Löwenanteil in die Ehe gebracht hat, und außerdem kann sie, das versichert sie glaubhaft, ganz bescheiden leben. »**Das möchte ich sehen!**« Dazu kommt es nie, mag sie auch noch so beteuern: »**Wenn es darauf ankommt, kann ich!**«

Selten finden die Beschwerden des nicht verdienenden Fehlgriffs Gehör. »**Du hast es ja soooo schwer!**« höhnt der Ernährer ohne Sinn für Sinndefizit und die Schwermut der Einsamen. Der Manager mit Infarktrisiko ist gläubiges Opfer der Lügengeschichten vom süßen Leben der arbeitslosen Luxus-

Schlampe in der Villa. »**Wenn du wüßtest ...**« Der Mann meint durchaus zu wissen, daß es »**dir einfach zu gut geht**«, denn »**sieh dir doch mal an, wie deine feinen Freundinnen leben.**« Die müssen mit dem Taschengeld auskommen, das er Ihnen nach den Schäferstündchen immer hinterläßt, damit sie sich die Liebesnestmiete leisten können. Und wenn das alles so schlimm ist wie gestöhnt, »**dann geh doch rüber!**« oder »**erinnere dich bitte daran, aus was für einem Rattenloch ich dich herausgeholt habe**«, auch das Wort »Gosse« darf ruhig fallen.

Der Ernährer hätte weit mehr Grund zum Lamentieren: »**Das ist schon der zweite Wagen, den du dieses Jahr zu Klump gefahren hast.**« Wenn es auch »**nur ein billiger Golf**« war, immerhin ein offener. Außerdem ist doch für Trost gesorgt: »**Du und dein feiner Tennislehrer ...**« – während man dem Verdiener nichts gönnt: »**Ja, klar. Und was ist mit dir und deinen Praktikantinnen?**« – Sekretärinnen und Kolleginnen hat frau heute mal übersprungen.

Dem leistungsbejahenden Partner wird vorgehalten: »**Nie bist du zu Hause.**« Er erklärt, daß »**einer deinen Schmuck und deine anderen Eskapaden ja schließlich bezahlen**« muß. In diesem Zusammenhang interessiert sicher das Detail, daß »**ich das Geld leider nicht drucke, sondern**« durch anderer Leute harte Arbeit ... – Und außerdem: »**Wenn man dich so reden hört, müßtest du eigentlich froh sein, daß du mich so selten ertragen mußt.**«

Wenn der gnädige Brötchenbeschaffer dann aber mal selbst einen kleinen Gefallen von seinem verwöhnten Herzblatt erbittet: »**Denk doch einmal an meine gesellschaftliche Stellung! Wir sind hier nicht bei deinen Eltern im Asozialenmilieu**«, so ignoriert sie dies und trägt doch Jeans.

Undank also auf der ganzen Linie. Aus erzieherischen Gründen muß dem nach Selbstverwirklichung lechzenden Heimchen daher der nächste Herzenswunsch abgeschlagen werden: »**Nein, ich erlaube nicht, daß du arbeiten gehst!**«

Krach bei Alternativen

Mit zutiefst tiefenpsychologischen Deutungen und absolut ehrlichen Analysen direkt vom Erzeuger, bzw. aus dessen Bauch heraus, wird aufeinander eingeschlagen und -gangen. Schon bei oberflächlicher Betrachtung stechen einem massenhaft Mängel ins Auge: »**Du bis vollkommen abgepanzert**« und »**kannst dich nicht fallenlassen.**« Außerdem: »**Flaschen werden gesondert gesammelt, du Idiot!**«, und »**wann schnallst du endlich mal, daß man im Sitzen pißt?! Ja, auch als Mann.**« Es scheint da irgendwo irgendeine Art Autoritätsproblem zu geben oder so.

Schnell wird eine andere Ernährung verordnet, auch fürs Hirn: »**Denk doch**

einfach positiv!« Wenn es dazu nicht schon zu spät ist! **»Du hast unsere Ideale verraten.«** Wirklich? Nein, stimmt nicht: **»Ich halte mich an den Putzplan.«**

Der Verräter zeigt sich an seiner mangelnden Gesprächsbereitschaft. Aber **»du kannst dich hier nicht einfach ausgrenzen«**, denn **»du ehrlich, ich finde, das müssen wir echt ausdiskutieren, jetzt mal echt, ja, du«**, und zwar am liebsten im Plenum mit namentlicher Abstimmung. Ausreden gelten nicht, nicht mal diese: **»Ich brauch einfach mal mehr Zeit für mich selbst, verstehst du!?«**

Der Mann ist ein: **»mieses Chauvi-Schwein«**, ein patriarchalischer Pascha, und **»deinen alltäglichen Faschismus habe ich bis HIER!«**

Die Frau will nicht begreifen, daß das **»mit Evi auf einer ganz anderen Ebene ablief«**, nämlich der körperlichen und somit untersten materiellen. Kein Vergleich mit dem **»Einmaligen, was zwischen dir und mir ist.«** Vibrationsmäßig. Es geht hier um Höheres, um **»Nähe, die man auch zulassen muß«** und selbstverständlich auch um **»Ehrlichkeit, die du einbringen mußt.«** Unverständlich, wieso **»du da immer gleich von Besitzansprüchen herumlaberst.«**

»Das ist mir irgendwie zu einfach«, findet der Mann, denn leider gibt es für ihn eben keinen theoriefreien Raum. **»Das kannst du nicht so völlig unpolitisch sehen«**, und zwar das alles, um genau zu sein. Bei aller Bereitschaft, spontane und undogmatische Betroffenheiten bei der Gespielin spontan und undogmatisch irgendwie auch gut zu finden: Es gibt gewisse Grenzen, und Konflikte müssen ausgetragen werden, gerade wenn sie wichtig sind. **»Früher hat dich Knoblauch nie gestört«**, jedenfalls nicht politisch. Nun gut, **»das mag für dich ja stimmen, aber ...«** die anderen in der Basisgruppe **»sehen das genauso wie ich. Komisch, nicht?«** So ist es. Doch selbst gegen die eindeutige Beschlußlage haben Fundis gute Chancen sich durchzusetzen, siehe unter »Niederbrüllen« weiter unten.

Krach bei Kleinbürgern

Ganz anders sehen die typischen Krach-Anlässe im klassischen Spießermilieu aus. Die Hausfrau mault: **»Dein Aquarium stinkt.«** Das findet er nicht, bleibt aber beim Thema Grätentier: **»Schon wieder Fischstäbchen!«** Und auch von dem, was seinen Augen geboten wird, ist er nicht erbaut: **»Geh mal zum Friseur!«** Sie würde, aber **»wovon denn?«** Und für wen auch, doch nicht etwa für dich, **»du mickriger Versager!«** Zu Hause das große Wort führen, aber **»auf Arbeit backst du ganz kleine Brötchen.«** Sein persönlicher Bankrott wäre ja noch halb so schlimm, aber **»jetzt hast du auch noch mein Leben ruiniert.«** Was, wie? **»Du hast mich doch runtergezogen.«** Das nicht, aber »unten«, das stimmt: **»Die Nachbarn lachen über dich«**, denn alle in der Straße **»waren in**

Kenia«, wohingegen: »**Bei uns reicht es nicht mal zu Mallorca.**« Ach ja: »**Weißt du eigentlich, wie alt unser Wagen ist?**« Der Mann tritt die Flucht nach vorne an. »**Wann wurde hier das letzte Mal saubergemacht?**«

Krachtips für Leute mit unterdurchschnittlicher Intelligenz

Weisen Sie Ihrem Liebling unwiderlegbar nach, daß er noch dümmer ist als Sie. Das nervt, egal ob es den Tatsachen entspricht oder nicht.

DIE FEINHEITEN DER ZERSTÖRUNGSWUT

Erste Hilfe

Es hat noch keinem Ehekrach geschadet, wenn vorher Verbandsmaterial bereitgelegt und ein privater Krankenwagen mit Besatzung angemietet worden ist – nur für den Fall, daß einer von Ihnen – oder beide – jenes entscheidende kleine bißchen übers Ziel hinausschießt. Okay, es nimmt dem Krach leider etwas die Romantik und ist nicht billig. Aber welches Hobby ist das schon, wenn man es wirklich ernst nimmt?

Zerstörungsorgien, Vernichtungsräusche

In einer Spirale ohne Ende wird jede Zerstörungshandlung des einen durch eine noch unbarmherzigere Vernichtungstat des anderen hinterfragt.

Starsky: **»Und jetzt dies, und dann dies und das hier und dies und – ja das und auch das und das hier und das und das und ... «**
Hutch: **»URRGGHH- HAHA, ... – RRRRTTTH.«**[12]
Starsky: **»Hoppla! – Das tut mir jetzt aber leid.«**

[12] [Ritsch-ratsch-tong-zisch-brodeln-knister-klock-spritz-rrrraaazonng]

Man spricht davon, daß man »**hier schon lange mal richtig aufräumen**« wollte und sollte die deutsche Gründlichkeit nicht aus dem Blick verlieren.

Unantastbare Güter

Wenn Ihnen Ihr Leben lieb ist, sollten Sie besser nicht seine

Plattensammlung zerkratzen
Disketten in Cola tunken
oder ihre
Liebesbriefe im Klo runterspülen
Kleider mit Säure besprenkeln

sondern stattdessen nur so tun als ob – ganz nach dem Muster der Scheinerschießungen in Paraguay. Auch im Kino erlebt man ja das nackte Grauen hautnah, obwohl man genau weiß, daß sogar im aktuellen Wenders-Film einiges nur gespielt ist. Lassen Sie sich für Ihre Illusionskunststückchen noch heute beim Fachmann identische Kopien der gegnerischen Heiligtümer anfertigen – die Sie beim nächsten Krach vor den Augen des Partners einer überaus rituellen Vernichtung unterziehen.

Schnödes Wegschmeißen

Bei Gelegenheit wird der Gesamtbesitz des geliebten Hausgenossen sensibel entschlackt, und irgendwann kommt dann die Frage: »**Ich kann mein**« – was auch immer – »**nicht mehr finden. Hast du's irgendwo gesehen, Schatz?**« Ja, aber »**nicht mehr, seit ich es vor Wochen endlich weggeworfen habe.**« Lassen Sie sich gern überraschen, sind aber noch in keiner Rudi-Carrell-Show beglückt worden? Die beschriebene Methode beschert Ihnen einen wunderschönen Krach zu einem völlig unerwartetem Zeitpunkt, denn eine beruhigend tickende Zeitbombe legt der, der großzügig entsorgt.

Sachen verstecken

Entschärfte Form der tätsächlichen Vernichtung. Sie verstecken eine Sache, die Ihr Gefährte (bzw. Ihre Gefährtin) noch am selben Tag suchen wird – z.B. die Schlüssel. Während Schatzi unter Möbelstücken herumkriecht und die ganze Bude auf den Kopf stellt, keifen Sie herum und finden dann das gesuchte Objekt, wie »**jeder normale Mensch, der nicht gerade blind ist.**« Natürlich bemerken Sie jetzt: »**Dein Gedächtnis scheint ein Sieb zu sein**« und verordnen Aspirin gegen die Alzheimersche Krankheit.

Spezialwerkzeuge

Kettensäge
Säureeimer
Flammenwerfer
Handkreissäge
Laser

Nicht selten können aber auch zufällig vorgefundene Objekte ein Instrument abgeben, auf dem sich wunderbar improvisieren läßt. Seien Sie doch einfach mal creativ[13]!

[13] Natürlich mit »c«!

Versicherungsmäßige Abwicklung von Krachschäden

Wenden Sie sich an die zuständige Haftpflicht- und Hausratversicherung. Sie regelt die Erstattung von z.B. Glasbruch und Wasserschaden, und wenn sie sich anstellt, dann verklagen Sie sie auf Kosten der Rechtsschutzversicherung. Nicht ganz so leicht lassen sich die Ansprüche bei der Lebensversicherung geltend machen, weil diese im Falle des Ablebens Ihres geliebten Intimpartners ein etwas konservatives Verständnis von »Unfall« an den Tag legt, obwohl er doch eindeutig ins Messer gefallen war.

DER SOUNDTRACK ZUM KRACH

Rücksicht auf die Nachbarn

Leicht übersieht man im Eifer des Gefechts die soziale Verantwortung, die man während eines Ehekrachs hat. Noch mehr als Sie leidet die Nachbarschaft unter chronischer Langeweile. Sperren Sie Türen und Fenster auf und achten Sie auch auf effektvolle Beleuchtung!

Optimale Klangwirkung

Hi-Fi und mindestens stereo sollte er sein, der Klanggenuß des Krach-Liebhabers – vor allem aber ungestört! Zwei Wege erreichen dasselbe Ziel:

Methode 1: Klassik-Fans
Konkurrierende Schallquellen müssen weg oder wenigstens gedämpft werden. Bitte Ruhe im Parkett! Drücken Sie auf den Aus-Knopf bei Stereo-Turm, Radio und TV. Schalten Sie den Motor ab, vor allem in der Garage. Beenden Sie zu lautes Rattern und Quietschen in Bus und Bahn mit der Notbremse. Die lästige Baustelle vor dem Haus stellen Sie durch eine telefonische Bombendrohung ruhig. Ermuntern Sie anwesende Freunde zu leiserem Gesamtverhalten, und zeigen Sie bei der Gelegenheit auch gleich Ihre Sammlung scharfer Waffen vor. Yehudi Menuhin geigt auch nicht vor schwatzendem Auditorium.

In Extremfällen kann eine Vertagung des Ehekrachs nötig werden. Nicht immer wird es Ihnen z.B. gelingen, im Zuge einer Einstweiligen Verfügung den störenden Tiefflügen über ihrem Haus ein Ende zu bereiten. Schlecht sieht es auch aus, wenn der Blick auf den Kalender ergibt, daß gerade heute allgemein Sylvester oder Karneval gefeiert wird.

Doch aufgeschoben ist nicht aufgehoben. Versuchen Sie es einmal mit einer ruhigeren Tageszeit, wie z.B. zwischen 23 und 5 Uhr. Allerdings auch nicht an Sylvester oder Karneval.

Methode 2: Hardrock-Fans
Einfach lauter drehen – bis es im Kopf summt und man nur noch sein eigenes Wort verstehen kann.

Hierzu nun ein paar Feinheiten ...

Brüllen – aber richtig

Zu jedem gelungenen Ehekrach gehört das Brüllen. Dieser Begriff meint ein allgemeines Lautsprechen, das immer noch lauter wird, bis die Grenzen der Stimme erreicht sind und man im Idealfall von **Überbrüllen** sprechen kann: Die eigenen Argumente und Aussagen werden überzeugender vorgetragen als die des ebenfalls brüllenden Partners.

Eine besonders gute Kondition setzt das **Niederbrüllen** voraus, bei dem Ihr Organ so lange und laut brüllt, bis sich die Person, vor der Sie noch nie Geheimnisse hatten, geschlagen gibt und mit einem Riegel »Mars« ärztlich versorgt werden muß.

Lose herumstehende Gegenstände sollten wackeln und klappern, wenn Sie feststellen: »**ICH SCHREIE NICHT!**« und erklärend hinzufügen: »**ICH BIN GANZ RUHIG!**« Legt der Lebensgefährte Ihnen nun die Meßwerte vor, zweifeln Sie an seiner Eichung und der des Apparates, der ja meist unmenschlich ist. Außerdem reden Sie »**so laut wie ich es für angemessen halte!**« Und ist dies »**etwa nicht meine Wohnung?!**« Doch, natürlich, immer noch.

Die meisten Amateure überschätzen ihre Leistungsfähigkeit. Kurzzeitig mag es ihnen zwar gelingen, einen beachtlichen Schalldruck zu erzeugen, dann aber wird die Stimme schnell heiser oder setzt vollständig aus. Damit haben sie diesen Ehekrach verloren, der andere behält recht. Sie gehen mit einem schlimmen Handicap in die nächsten Kräche.

Nicht jeder hat genügend Muße für regelmäßige Atemübungen und ein allgemeines Konditionstraining. Den meisten fehlt es außerdem an geeigneten Übungsräumen für die Stimmbildung (Unser Tip: unter Brücken, beim Fußballspiel, in Tunneln und beim Kickboxseminar). Da wird mancher auf andere wirkungsvolle Methoden des Übertönens ausweichen wollen. Besonders beliebt: das Mega- oder das Mikrophon (dies wird über die Stereoanlage verstärkt). Wenn Rückkopplungen auftreten, Höhen nicht rausdrehen, denn das Gefiepe entnervt den Gegner total!

Immer noch viel zu wenig bekannt unter Laien ist, daß auch der Abstand zwischen Schallquelle und Empfänger entscheidende Bedeutung für das Schallerlebnis besitzt. Wenn Sie den Kopf Ihres Schatzes entschlossen festhalten und direkt in ein Ohr brüllen, ist Ihnen eine Wirkung auch dann sicher, wenn Sie nur über ein dünnes Stimmchen verfügen sollten (z.B. als Asthmatiker in der Heuschnupfenzeit, ein vielgenanntes Problem).

Aus einer Vielzahl von Tonlagen jedenfalls stellen Sie sich Ihre ganz individuelle Sprachmelodie zusammen. Vom gefährlich bissigen Zischeln des Spottes bis zum Krakelen im Vorfeld der Tobsuchtsdelikte sind Sie Ihr eigener Komponist und Interpret in einem. Außer R. Wagner lassen Sie nur zutiefst britische, kompromißlose Punk-Bands als Vorbilder gelten. Mit etwas Geschick sind Sie obendrein auch Dirigent ihrer besseren Hälfte.

Wie man den anderen lauter stellt

Jedem Menschen sind mehrere versteckte Lautstärkeregler eingebaut, die sich nur auf-, aber nicht zurückdrehen lassen. Wollen Sie einen schon lauten Streiter noch wesentlich druckvoller brüllen hören, so sagen Sie ganz einfach: **»Du, ich kann dich leider nicht verstehen!«** Oder, nachdem Sie sich im Ohr herumgebohrt haben: »**Sag das doch bitte noch mal – deutlicher und zum Mitschreiben.**«

Während sich Ihr Schatzi verausgabt, sind Sie durch »Lärmstopp« von Hansaplast perfekt gegen Dauerschäden geschützt.

Lautstärke und Satzbau

Auch komplizierte wissenschaftliche Quellentexte können brüllend vorgetragen werden. Sie wirken dann befremdlich, sonst nichts. Überlassen Sie solche Scherze – wie so viele andere – der anspruchsvollen Sprechbühne, die Sie mit Ihren Steuern subventionieren.

Mit zunehmender Lautstärke sollten Sie Ihre Sprache entschlacken: In Sachen Vokabular, Syntax und intellektuellem Niveau ist spätestens jetzt weniger mehr – auch mehr Grund zu noch mehr Eskalation. Oder einfacher gesagt: Beim Ehekrach kann man gar nicht primitiv genug werden!

Primitivität = Schalldruck in db	Passende Formulierung
Zimmerlautstärke	**»Mir würde es viel besser gefallen, wenn du dich künftig mit mir abstimmen würdest, so daß solche Mißverständnisse nicht mehr vorkommen.«**
89 db	**»Beim nächsten Mal will ich vorher gefragt werden.«**
96 db	**»Bist du eigentlich bescheuert, du dumme Sau? Was soll die Scheiße?«**
105 db	**»Jetzt ist es soweit! ARGGHHH UMMPPFF!«** Bzw.: **»Ich bring dich um!«**

Druck auf die Tränendrüse

Der Dampf zutiefst menschlicher Enttäuschung kondensiert zu bitteren Tränen, die manchmal – besonders bei Männern – auch trocken sein können. Beim durchschnittlichen Ehekrach wird im Mittelteil von Umgangs-Sprache auf Umgangs-Heulen oder lyrisches Jammern umgestellt. Der poetische Klang des Weinens unterstreicht die Bedeutung der vorausgegangenen Argumentation und teilt mit, wie wahnsinnig bewegt man ist. Es entsteht eine Atmosphäre erzwungener Unmittelbarkeit, an der sogar Bazon Brock seine helle Freude hätte[14].

Voller Selbstmitleid wird geschluchzt und jeder Tröstungsversuch brüsk abgewehrt: »**Faß mich nicht an.**« Ehrlich, 'tschuldigung, »**das wollte ich nicht, daß du ...**« – doch leider: »**Das fällt dir alles ein bißchen zu spät ein.**«

Weniger verständnisvolle Partner fordern: »**Hör endlich auf zu flennen!**« Sie raten der Memme, sie (und das ist meist »er«) solle »**bloß nicht glauben, daß du auf diese saublöde Tour bei mir irgendwas erreichen kannst.**« Im Gegenteil, »**auf dem Ohr bin ich taub**«, denn: »**Hab dich nicht so, du Mimose! Deine ›Sensibilität‹ ist doch nur eine schwache Ausrede.**«

[14] Der Autor wollte auch den ganz gebildeten Leserschichten mal eine feinsinnige Anspielung gönnen und empfiehlt für die Zeit nach dem Ruhestand sowie Winterabende mit Überlänge sämtliche der wertvollen Bücher von Brock, sofern sie mehr als 70,- DM gekostet haben.

Viele weibliche Heulbojen kugeln sich zum Weinen ein. In dem Moment, wo der Mann von Reue ergriffen und fast schon wieder zum Mensch wird, entblößen sie direkt vor seiner Nase ihr verheultes Gesicht mit dem verlaufenen Make-up, um ihn bis ins Mark zu erschrecken.

Weinende Männer weinen entweder nicht, weil ein Lederjackenbesitzer mit Oberlippenbart nicht weint. Oder, das sind allerdings nicht dieselben Männer, sie betonen stolz, daß sie zu jener modernen Elite sogenannter »Neuer Männer« zu zählen sind, die folgende Kunststücke mit links beherrschen: 1. Gefühle zulassen, 2. sich voll einbringen können, 3. sich fallen-, aber 4. nur auf Wunsch gehenlassen.

Natürlich können auch Sie zu jeder Tageszeit weinen. Für diese prächtige Leistung wird ihnen eine leckere Extrabelohnung in den Napf gebröselt. Brav gemacht.

Bitter trifft es den »Neuen Mann«, wenn sein Mäuschen ihm sagt: »**Ich finde weinende Männer lächerlich.**« Das wundert ihn jetzt aber ein bißchen, denn »**die Petra fand es immer gut.**« So verschieden können die Geschmäcker sein. Umlernen wäre in diesem Alter, wie in jedem anderen auch, zuviel verlangt von einem Mann. Stattdessen: »**Geh doch zurück zu deiner Petra!**« In der Tat spräche verdammt viel dafür. »**Aber die wird den Kanal auch gestrichen voll haben von dir.**« Stimmt.

Außerdem spricht gegen männliches Weinen, daß viele Fälle bekannt sind, in denen der Tränenfluß aus Männeraugen die Frau erheblich verfrüht in die Versöhnung getrieben hat.

Der perfekte Vortrag mit Tränenfluß entwickelt sich bei Männchen wie Weibchen aus einem eher nach innen gerichteten Schluchzen über kleine, aber immer häufigere Heul-Ausbrüche hin zu einem Heul-Dauerton. Kurz vor dem Beginn des Paarungs- und Versöhnungsteils kann auch der andere Partner einstimmen. Es folgt das gegenseitige Trocknen der Tränen, außer wenn einer der beiden besonders von tränenfeuchten Wangen, verquollenen Augen und unkontrolliertem Schleimfluß aus der verstopften Nase erregt wird. Das gibt's ja auch und soll hier nicht ausgegrenzt werden.

Schöne Erinnerungen

Wenn Sie jeden Ehekrach mit einem Walkman oder einem Taschendiktiergerät auf Kassette festhalten, ersparen Sie sich die Mühe, Ihre Diavorträge am Stammtisch oder beim Kaffeeklatsch immer wieder in eigenen Worten kommentieren zu müssen, denen ohnehin niemand glauben würde, weil Ihre Einleitung stimmt: »**Ihr könnt euch gar nicht vorstellen, wie diese taube Nuß neulich ...**«

Die drögen Autofahrten ins Büro und zurück lassen sich mit solchen Kassetten ebenfalls auflockern. Die Lautstärken wählen Sie, – beide: die der Kassette und die eigene. Denn jetzt hinterm Steuer haben Sie endlich auch Gelegenheit, jene schlagfertigen Antworten zu geben, die Ihnen während der Aufnahme nicht eingefallen waren. Trösten Sie sich, das Lampenfieber macht vielen unserer weltbesten Künstler zu schaffen, egal wie lange sie schon erfolgreich auf den Brettern stehen, die manchen, die keinen vernünftigen Beruf gelernt haben, die Welt bedeuten.

Es mag ein bißchen sentimental und kitschig sein. Aber man erinnert sich zwischen den aufgedrehten Boxen halt gern an dieses überdrehte Liebchen, das leider augenblicklich abwesend ist, weil es sich im Urlaub oder Himmel aufhält.

WAFFEN UND THEATERDONNER

Wenden wir uns nun der Frage zu, wie genau der Ehekrach ausgetragen wird.

Mildernde Umstände

Es gibt Anlässe, da schmelzen die Herzen und Sicherungen selbst der Aufgeklärtesten dahin, Anlässe, über die sich der betroffene Intimpartner aufregen darf, in den Augen mancher Mitbürger sogar muß: Der Mann, wenn er unter Gleichen nicht als Waschlappen gelten will; die Frau, weil sie die Frauenbewegung nicht verraten möchte. Die Rede ist von der Selbstverteidigung.

In der Wahl Ihrer Antwort sind Sie besonders frei, sofern im Affekt gehandelt wird, gern auch stundenlang, wenn sie jemanden dabei erwischen, der ohne Ausnahmegenehmigung an Ihrer (oder Ihrem) Geliebten herumknetet.

Im Eifer versagt das Gedächtnis. Sie finden Ihren Waffenschrank nicht (Bubi Scholz hatte ihn an einer Stelle angebracht, die er auch im Vollrausch nicht übersehen konnte).

Egal, denn da erblickt das Improvisationstalent den kristallenen Aschenbecher, die halbvolle Bacardi-Flasche oder die beiden reichverzierten Krummsäbel an der Wohnzimmerwand.

Augenblickchen: Beachten Sie, daß Sie nach dem Verlust des Intimpartners den Dreck selber wegwischen müssen! Sollten Sie nicht doch lieber ein Elektrogerät ... – genau, z.B. den geliebten Plattenspieler, den Sie unter Strafe nie hatten anfassen dürfen wegen Ihrer zwei linken Hände. Verlängerungskabel anschließen, und rein mit dem Ding in die Badewanne, nachdem Sie den ph-Wert des schäumenden Badewassers vorher mit Kochsalz zu beeinflussen versucht hatten. Außer Hi-Fi-Apparaten eignen sich auch Fön und Rasierer.

Und was ist von **Blankwaffen** zu halten, werden Sie nun wissen wollen. Nun, die tiefe Befriedigung, bis zu 20 mal und mehr auf jeden der beiden verschiedengeschlechtlichen Badenden einstechen zu können, und dann auch noch aufs Quietscheentchen, diese Freude wird durch den Nachteil erkauft, daß sich Blutspritzer auch mit dem »Eiweiß-Fleckteufel« nicht vernünftig aus Ihrer Arbeitskleidung entfernen lassen werden. Wenn Sie nicht sowieso die Gummi-Wäsche tragen wollten, die eigentlich dem Einsatz im Schlafzimmer vorbehalten war, sollten Sie sich wenigstens eine Schürze umbinden.

Geht es auch ohne Blutrache?

Selbstverständlich, denn gerade in den letzten Jahren sind immer wirksamere Methoden entwickelt worden, um die Person zu bestrafen, die Ihnen einst das Wichtigste auf der Welt war – von der gezielten Zufütterung cholesterinhaltiger Nahrungsmittelbestandteile bis zur allgemeinen Fortführung der Beziehung.

DIE SCHÖNSTEN DROHUNGEN

Rückzahlung in gleicher Münze

Augen und Zähne werden zum Wechselkurs von 1:1 zurückgezahlt – Auge um Auge, Zahn um Zahn, denn »**was du kannst, kann ich schon lange – nur besser.**« Sie schaffen sich auch eine Liebschaft an, sie treiben sich auf der Szene herum und saufen, Sie sind unpünktlich, lügen oder schießen in der Wohnung herum. Zumindest sollten Sie aber so primitiv und unfair sein wie Ihr liebster Schatz.

In gleicher Münze lassen Sie es aus dem Wald herausschallen – sofern Ihnen das nicht zu anstrengend oder unflexibel ist. In dem Fall wird man, auch der größeren Auswahl wegen, in fremde Valuta tauschen wollen:

Verrat

Wer hätte nicht panische Angst vor der Wahrheit und vor allem ihrer Veröffentlichung, wenn Sie sagen: »**Wenn du das tust, dann packe ich aus!**« Bisher hatten Sie, gegen Ihr Gewissen, geschwiegen. Vielleicht ist nun die Zeit gekommen, der Polizei zu verraten, wie vorschriftswidrig der Intimpartner mit biologischem Sondermüll umgegangen ist: »**Graben Sie im Keller, Herr Hauptwachtmeister, gleich neben dem Ölbrenner.**«

Fallenlassen der Kartoffel

»**Was wärest du schon ohne mich?**« Eine gute und berechtigte Frage, wenn jemand gerade gedroht bzw. versprochen hatte, er oder sie »**gehe zu meinen Eltern zurück**« oder in den Osten. »**Erledigt wärest du ohne mich**«, denn »**meine Beziehungen**« und »**meine Aufopferungsbereitschaft**« haben »**dich zu dem gemacht, was du bist**«, beinahe einen Menschen.

»**Du kannst dir doch allein gar nicht helfen**«, denn: »**Weißt du noch im Oktober, als du mit Grippe im Bett lagst? Wie ein kleiner Junge ...**« – der nun stockend antwortet: »**Das hätte ich genauso für <u>dich</u> getan!**« Hätte er das? »**Das haben wir ja gesehen! Wo warst du, als ...**« es der Hobbykrankenschwester schlecht ging? Verschütt! »**Wenn man sich auf dich verläßt, ist man verlassen**«, da »**kann ich mir genauso gut**« die Kugel geben, wenn man sich

nicht dafür entscheidet, sich »**deine Unterstützung in die Haare zu schmieren**« oder auch »**vors Knie zu nageln.**«

Blamage

Helden fürchten den Gesichtsverlust vor allem anderen. Wäre doch witzig, wenn alle die, die auch zur Beerdigung des Helden kommen müßten, schon vorher teilhaben könnten an den Details des heldischen Lebensvollzugs. Wer könnte mehr Geschichten über den Vielbewunderten erzählen als seine treue Gefährtin? Eigentlich nur seine Mutti, von der Sie viele der Geschichten übernommen haben: »**Als unser Klausi trotz seiner Entwicklungsstörungen eingeschult wurde ...**« – Peinlich! Sie berichten anspielungsreich von seinen Ohnmachten bei der Blutabnahme, seiner Bemühtheit im Bett, seinen infantilen Leidenschaften und so fort. Alles gröhlt und lacht, und tief im Boden versinkt auch der 2-Meter-Mann-Idiot. Übrigens nicht erst, wenn alle Indizien notariell beglaubigt vorliegen – Gerüchte reichen schon.

Pleite

Die Zeiten sind vorbei, in denen man sich willig ausbeuten ließ und sich der Karriere des Ehepartners opferte, denn »**ich bin nicht länger dein Sklave!**« Nicht im Büro, »**von wegen ›geschäftliche Partnerschaft‹**«, nicht im Haushalt, nicht als dies und schon gar nicht als das. Na gut, dann wird – andersherum – eben das Taschengeld gestrichen, denn das Haushaltsgeld war ja schon beim letzten Mal dran. »**Außerdem will ich alles zurückhaben, was ich dir in den letzten drei Jahren geliehen habe!**«

Trennung

»Ich gehe, dann kannst du sehen, wo du bleibst.« Auch während der intensivsten Umnachtung kapiert in dieser Situation sogar der cholerische Mensch, was das bedeuten würde! Zweifellos wird es mit den Jahren nicht leichter, einen annähernd willigen Partner zu finden, der sich so prima ausnutzen und mißbrauchen läßt wie der alte, also der oder die Alte. Zudem müßte man erst die lästige Übergangszeit durchstehen, während derer man den neuen Besen noch nicht belasten kann, sondern verliebt, einsichtig, tolerant und allgemein vorbildlich tun muß – sofern man sich überhaupt noch erinnern kann, wie man das macht.

Felix: **»Du kannst froh sein, einen Trottel wie mich gefunden zu haben.«**
Paola: **»Ich bin viel zu gut für dich.«**
Felix: **»So einmalig bist du auch nicht.«**
Paola: **»Denn geh doch! Aber glaub bloß nicht, du kannst zurückkommen!«**

Kein Sex mehr

Das schmerzt! Man sollte diese Drohung aber auf GattInnen beschränken, die man vorher so mit Süßigkeiten, fetten Soßen, Heroin oder Alkohol vollgestopft hat, daß sie in der nächsten Zeit für Sex zahlen müßten – und glücklicherweise haben sie weder das Konto noch den Mumm dazu.

Pfänderspiele – prophylaktische Beschlagnahmen

Als Trumpf in Hand und Ärmel haben Sie sich rechtzeitig ein Pfand gesichert, das Sie kurz vor einer drohenden Niederlage im Ehekrach vorzeigen: **»Niemand will doch, daß diesem netten Hamster hier etwas zustößt, stimmt's, Liebling!?«** Da wird selbst Mike Krüger weich: **»Oh nein, bitte nicht Willi. Er ist unschuldig.«**

Sie stoßen auf plötzliches Verständnis für bisher abgebürstete Wünsche und Sichtweisen, wenn Sie nun dem geliebten Tier genau zwischen die Lichter zielen, das zerbrechliche Erbstück spielerisch auf Nase oder Zeigefinger balancieren, vielleicht auch Ihr Stiefkind aus dem Fenster halten.

DIE SCHÖNSTEN SACHKLÄNGE BEIM KRACH

Sehen Sie sich um! Die ganze Welt ist voller Schallquellen, mit denen Sie Ihren Ehekrach ganz individuell zu einem einzigartigen Klangerlebnis aufwerten können, zu einer Melodie, die Sie nie vergessen werden – und Ihre bessere Hälfte erst recht nicht.

Türen

Seit es Türen gibt, gibt es auch Menschen, die diese Türen symbolisch zuknallen, mitunter direkt vor der Nase anderer Menschen. Dazu ist es zwingend notwendig, die Tür vorher vorschriftsmäßig zu öffnen, und zwar möglichst weit. Schrauben Sie auch unbedingt den Arm des automatischen Türschließers ab und ziehen Sie den Fuß zurück, den Sie oder andere Staubsaugervertreter in der Tür haben! Für den unerträglichsten Frust sorgen Drehtüren.

Besonders schön scheppern Türen mit einem Glasfenster in der Füllung. Vom vielen Türenschmeißen sind große Teile des Kittpolsters längst abgeplatzt. Die lose Scheibe rappelt schon gefährlich, wenn man nur auf Zehenspitzen zum Kühlschrank schleicht und durch eine wohlvertraute Stimme erinnert wird: »**Du bist auf Diät!**«

Doch nicht nur durch ihr Zuknallen hilft die Tür als Tonquelle beim Ehekrach, auch auf andere Weise kann man mit diesem verbreiteten Klangkörper viel Freude haben. Zu denken wäre da an das geräuschvolle Öffnen der Tür, wie man es mit der Axt besser als mit dem Beil bewerkstelligen kann. Und zwischendurch heißt es: »**Ich weiß genau, daß du da drin bist!**«

Dem Hacken und Splittern mengt sich gebrüllte Poesie bei: »**Du kommst jetzt sofort da raus!**« Dieses faire Friedensangebot sollte man sich durch den Kopf gehen lassen, denn »**wenn du nicht sofort aufmachst, passiert was ...**« – in der Praxis allerdings meist weniger als versprochen. Wie lange noch bis zum Unglück? »**Eins – zwei – drei – vier – und die letzte Zahl heißt ...**« in diesem Fall fünf. »**Na schön, du willst es ja nicht anders ...!**«

Wie schön klingt auch die Tür, die langgezogen unter einem stabilen Brecheisen oder dem bewährten »Kuhfuß« des Berufskriminellen ächzt, der sich aufs Aufhebeln versteht! Wer den kurzen, eher trockenen Klang liebt, der tritt die Tür schlicht und ergreifend ein oder schießt nach der Bubi-Scholz-Methode das Schloß heraus.

Schläge

So schön wie bei Charles Bronson oder Bruce Lee klingen Körpertreffer in Wirklichkeit leider nicht, ob man sie nun mit der flachen Hand oder der geballten Faust ausführt. Außerdem stecken echte Menschen selten mehr als zwei dieser Schläge ein, ohne tief betroffen zu Boden zu gehen. Macht nichts, werden Sie sagen, dann kann man aus akustischen Gründen ja noch minutenlang auf den Intimpartner eintreten. Natürlich können Sie das. Es ist aber eine alte Erfahrung, daß der Versöhnung mit Bewußtlosen irgendwie der Pep fehlt. Außerdem gehen Blutflecken schlecht aus der Bettwäsche raus.

Früher gehörte es zum guten Ton, daß Männer ihre Frauen regelmäßig züchtigten. Heute nimmt der Stärkere Rücksicht, obwohl es uns doch auch nicht geschadet hat, als Kind eine gelegentliche Tracht abbekommen zu haben. Unter Kulturmenschen wird eine Frau nur noch auf deren ausdrücklichen Wunsch geschlagen, und dann eigentlich eher symbolisch und aus dem inneren Exil heraus.

Der schlagende Mann begleitet seine Handlungen mit ein paar erklärenden Worten: »**Wird Zeit, daß dir mal jemand eine Lehre erteilt, du Schlampe!**« Was soll sie da noch sagen? Na, z.B.: »**Ja, Liebster, ich hab's verdient!**« In Video-Filmen ab 18 kommt das dauernd vor. Etwas stubenreiner und weniger filmisch klingt das Angebot: »**Dann schlag mich doch, du Schlappschwanz! Anders weißt du dir sowieso nicht zu helfen!**«

Nicht selten trägt der Empfänger die Blessur stolz vor sich her und erzählt die zugehörige Anekdote mit allen Ausschmückungen allen, die sie nicht hören wollen. Gerade in akademischen Kreisen kann man als Mann mit einer Frau renommieren, der auch mal die Hand ausrutschen kann: »**Das hier? Das ist noch gar nichts. Ich hatte mal zwei Wochen lang ein Veilchen.**« Ach, das ist ja sehr interessant. »**Im Bett, wenn wir kämpfen, besiegt sie mich immer. Ich bin nämlich so kitzelig.**«

Allgemein gilt für Männer in Fragen des Schlagens die Faustregel: Den perkussiven Umgang mit dem menschlichen Körper sollten Sie schon beim geringsten Zweifel an der wirklichen Wunschlage Ihrer Prinzessin lieber Tarzan überlassen, der ja ganz ordentlich auf seiner Brust herumtrommeln kann und dazu noch packende Kostproben seines stimmlichen Könnens gibt.

Feuerwaffen

Nachdem Sie angekündigt haben, »**Jetzt bring ich dich um!**«, dürfen Sie nicht vergessen, den Schalldämpfer abzuschrauben. Ausreichend Munition und eine gute Ausrede sollte man sich ebenfalls parat legen. Hier ein Denkanstoß

in der Tradition des unvergeßlichen Kloschützen Bubi Scholz: »**Verehrter Herr Vorsitzender. Ich hatte also gerade meine Waffe auf den Knien und gereinigt gehabt – da muß sich ein Schuß gelöst haben, und zwar zufällig ...**« Rückfrage des Vorsitzenden: »**Und wieso war die Waffe geladen?**« Tja. »**Komisch, daß Sie das fragen, Herr Vorsitzender. Denn genau das hatte ich mich in dem Moment nämlich auch gefragt gehabt.**«

Käme es vor Gericht auf die Gerechtigkeit an, würden Sie sofort freigesprochen, denn jeder, der einmal Boxweltmeister(in) war oder mit Ihrem Fehlgriff ein verlängertes Wochenende verbringen mußte, versteht Ihre Argumente: »**Das Miststück war einfach fällig.**«

Viele juristische Vorteile sind von der Platzpatrone bekannt: Ihr Schnucki und die Nachbarn sind bis kurz nach dem Knall von ihr so beeindruckt wie von jeder anderen Munition, und Sie müssen auf Ihre Versöhnung nicht erst Jahre im Knast warten, denn es drohen nicht einmal unbeabsichtigte Querschläger.

Schreiende Kinder

Besonders beim Streit während der »Tagesthemen« tauchen plötzlich weinende Kinder aus dem Dunkel der Nacht auf. Sie können deren Lautstärke höher regeln: »**Wenn du nicht augenblicklich aufhörst zu weinen ...!**« Das noch ruhige Elternteil schlägt sich auf die Gegenseite: »**Die Kinder können doch nichts dafür, daß du deinen Frust mal wieder um diese Zeit ...**« und »**dich hier aufführst wie ein ...**« – denken Sie sich irgendeinen angemessen beleidigenden Vergleich aus, der auch lehrreich für die Kinder ist, die ja auch einmal älter sein werden. Immer versucht mindestens einer, die vom Krach des Krachs geweckten Kinder auf seine Seite zu ziehen, gern auch als Kugelfang. Das Ehepaar Scholz war leider kinderlos. »**Laß die Kinder aus dem Spiel!**«

Kinder bereichern den Krach. Sie sollten den lieben Kleinen also am Abend eines geplanten Krachs nicht die übliche Dosis Valium in den Brei rühren.

Geschirr und Glas

Schmeißen Sie gern mit Geschirr? Sehr schön. Und ärgern Sie sich auch immer, daß es gar nicht vernünftig scheppert? Verstehe. Dann sollten Sie künftig weniger den dumpfen Körpertreffer anstreben, sondern auf frontalen Kontakt mit harten Oberflächen setzen und mit größerer Wucht werfen.

Der Kenner weiß, daß Porzellan und Glas vor allem dünnwandig sein sollten: Nichts wirkt nämlich lächerlicher als das Geschirr, das man wütend auf den Boden schmeißt, wo es dann doch nicht zur Scherbenbildung beiträgt. Werfen Sie die geeigneten Stücke einzeln, wenn Sie ein echter Genießer sind und auf den nächsten Ehekrach nicht allzulange sparen wollen. Nur in Filmen werden mit schaufelnden Armbewegungen ganze Schränke ausgeräumt, Spirituosensammlungen und Spiegelwände zertrümmert oder hohe Tellerstapel auf den Boden geschmissen. In Hollywood spielt Geld nicht die Rolle wie in Ihren eigenen 18 Wänden[15].

Nicht jedes **Geschirr** ist gleich gut geeignet! Mit Plastikflaschen und Papptellern haben schon manche Paare herbe Enttäuschungen erlebt.

Wenn man einen **Teller** wie eine Frisbee-Scheibe wirft, sieht das zwar elegant aus, führt aber zu gefährlichen Trennungsschäden bei Halstreffern. Teller sollten vorschriftsmäßig flach auf den Boden geworfen oder mit voller Konzentration über den gegnerischen Kopf gezogen werden.

Tassen liegen gut in der Hand. Hohe Treffsicherheit ist bei ihnen gepaart mit einem besonders geringen Gefährdungspotential.

Wer **Flaschen** einsetzen will, sollte erst die Einwegflaschen verbrauchen, bevor er sich ans Pfandgut macht.

[15] Es war lange überfällig, daß ein Kulturträger mal mit der Redewendung von den vier Wänden aufräumt. Wir haben doch alle zwei Zimmer, Küche, Bad – macht vier mal vier Wände –, und den Flur wollen wir mal mit zwei weiteren Wänden ansetzen. Wer wohnt schon in Garagen? Aus- und Übersiedler sollen sich erstmal in unsere Solidargemeinschaft einfügen, bevor sie sich darüber beschweren, durch die 18-Wand-Behauptung diskriminiert zu werden.

Nicht überall übrigens lohnt sich der Einsatz von Porzellan und Glas. Im Bett, auf dem dicken Teppichflor und in der Gummizelle lauert die Enttäuschung, weil es nicht richtig scheppert. Aber auch das geöffnete Fenster bringt nicht nur in Sachen Heizwärme Verluste durch Verschwendung: Sofern Sie im zweiten Stock oder höher wohnen, hören Sie nichts vom Aufschlagen und Zerplatzen Ihrer Wurfobjekte.

Ganz anders im **Badezimmer**! Harte Oberflächen garantieren Zerstörung und Lautstärke. Massenhaft zerbrechliche Spiegel und der Alibert, dessen Inhalt man zur Abrundung in die Badewanne schmeißen kann, laden zum Gefetze ein. Unvergleichlich potenziert der Hall dieses kleinen gekachelten Raumes den Klanggenuß. Jedes Signal wird hin und her reflektiert. »**Wie heißt der Bürgermeister von Wesel?**« Es folgt das Königssee-Echo.

Gerade das Bad läßt sich auch besonders leicht reinigen – natürlich erst <u>nach</u> der Versöhnung. Warum nicht zur Abwechslung mal gemeinschaftlich?

Zerreißen von Dokumenten

Im Wettlauf mit den Häschern der Finanzbehörde verläßt man sich lieber auf einen professionellen Aktenvernichter. Im privaten Rahmen aber geht doch nichts über das genüßliche Zerreißen bedeutungsvoller Dokumente. Mit spitzen Fingern wird das brisante Papier ihm oder ihr demonstrativ hingehalten, und kaum setzt Ihr Schatz zu dessen Rettung an, reißen Sie es der Länge nach durch, und dann noch mal quer, und dann nochmal ... – manche Leute trainieren mit Telefonbüchern nach dem Vorbild des Graf Luckner. Bubi Scholz hat in der Gefängnisbibliothek ...

Herzzerreißende Liebesbriefe klingen beim Zerreißen besonders grausam im Ohr des ehemaligen Adressaten. Doch andere Dokumente können einem Menschen noch fester ans Herz gewachsen sein, und so schreit der Verdiener unter bestimmten Umständen aus voller Lunge: »**Alles, nur die Bewirtungsbelege nicht!**«

Von wegen »alles«! Den Mann traumatisiert die Vernichtung folgender Papiere:

Geldscheine
Kfz-Papiere
das Bild seiner Mama
Spesenabrechnung
Spendenbelege

und natürlich seine in stundenlanger Schwerstarbeit ausgewählten, jahrelang liebevoll gesammelten und mit Sachkenntnis benutzten Pornohefte. Am schlimmsten aber trifft es ihn, wenn er erfährt: **»Deine miesen kleinen Sex-Fotos, zu der du diese Drecksschlampe überredet hast, sind mir übrigens schon seit Monaten bekannt.«** Trotz ihres optimalen Verstecks und lange genug für Ihren Hausdrachen, um sie sich ausreichend eingeprägt zu haben für ein ganzes Leben. Wozu da die Vorlage weiter horten? Das ist weibliche Logik. Adieu, ihr künstlerisch anspruchsvollen Polaroids!

Knisterndes Feuerchen

Auch in Ihrem Fall bestehen viele Gegenstände aus dem Besitz Ihres Partners weder aus Eis noch aus Asbest, jenen Materialien, aus denen Ihr Herz geformt ist. Sie sind – im Gegenteil – überaus brennbar, spätestens wenn sie mit Benzin übergossen worden sind. Das fröhliche Knistern der züngelnden Flammen reizt das Ohr, und das Auge freut sich an den warmen Farben des Rotspektrums, die effektvoll durch die Rauchschwaden flackern.

PATHETISCHE KULTHANDLUNGEN

Mit den pathetischen Kulthandlungen leiten die erregten Gefährten den Schlußteil ihres Ehekraches ein. Die Kulthandlung könnte man als Stellvertreter der eigentlich notwendigen Trennung für immer sehen.

Der ganz, ganz große Monolog

Jetzt, zum Schluß, ist ja alles egal. Frei von der Leber weg und möglichst nicht vom Blatt abgelesen sagen Sie Ihrem einstigen Schwarm, was Sie immer schon loswerden wollten, und dulden keine Einrede. Die Ansprache soll erschüttern, als stamme sie von R. v. Weizsäcker. Abgang. Vorhang. Zugabe wird selten gewünscht. Und vor der ebenfalls monologischen Gegenrede können Sie ja symbolisch den Saal verlassen.

Bert: **»... wird hier die Frage nach dem Urgrund menschlicher Zuneigung gestellt, oder hat sich nur, wie der Dichter sagt, das Ganze verdichtet zu einem nie enden wollenden ...«** usw. usf.
Bert: **»... ist es nachgerade unsere Pflicht, uns auch und gerade zu dem zu bekennen, das weniger leicht zugänglich erscheint, ja, manchmal vielleicht sogar fast dazu tendiert, ...«**
Bert: **»... als ein Fanal und damit auch Schlußstrich, weil ... – hörst du mir eigentlich noch zu – Cindy?«**
Cindy: Nach vielfachem Auf-die-Uhr-schauen leider schon eingeschlafen.

Gern setzt der große Monolog ein, wenn der (bzw. die) andere extrem weit gegangen ist. »**Jetzt zeigst du dein wahres Gesicht!**« und: »**Jetzt kommt's endlich raus!**« Die Gelegenheit ist da, daß man, weil man keine Rücksicht mehr nehmen muß, endlich auch mal das loswerden kann, was »**ich dir eigentlich schon lange mal ins Gesicht hätte sagen sollen.**«

Die meisten der folgenden Enthüllungen dürften schmerzhaft sein. »**Da staunst du, daß ich mit dem auch schon im Bett war!?**« Moralisch war das wasserdicht, denn »**bildest du dir etwa ein, ich wüßte nicht schon seit Jahren ganz genau, ...**« – und nun kommen die Details der von Ihnen akribisch erforschten Seitensprungfiguren Ihres Schatzes: Kosewörter, wörtliche Zitate aus Liebesbriefen, Liste der im Wald gefundenen Waffenverstecke etc. Auch Ihr Informantennetz war dicht gewebt. »**Und übrigens: deine liebste Freundin**

Ulrike hat mir verraten ...« In diesem Aufwasch kann man gleich noch enthüllen, die liebsten Menschen im Leben des Hornochsen oder der Zimtziege **»... konnte ich sowieso noch nie leiden!«**

Gern schließt sich an die eigentliche große Generalabrechnung auch ein Ausblick auf die Zukunft an: **»Du wirst dich ganz schön umgucken, was da noch auf dich zukommen wird.«** Das schlimmste: **»Niemand räumt dir deine Sachen hinterher.«** Und auch sonst erwartet den ehemaligen Weggenossen kein Zuckerschlecken oder -brot, sondern nur noch Peitsche.

»Aber können wir es nicht noch mal miteinander ...« – schon wieder was versuchen? Nein, **»zu spät!«**, viel zu spät, **»diesmal ist es wirklich ernst!«**, all diese Zeit, das war genug, mehr als das, ja, **»der Zug ist abgefahren«**, und bei diesem Sonderzug handelt es sich um den von Christian Anders ca. 1970 besungenen »Zug nach Nirgendwo, mit mir als einz'gem Passagier«.

Wie wäre es mit **»ganz von vorn anfangen«**? Klare Antwort: **»Deine Spielchen kannst du ja mit deiner/m anderen machen.«** – Viel Glück dabei.

Rückgabe

In dieser Phase des Ehekrachs sollte für Sie feststehen, daß Sie mit Ihrem Schnucki nie mehr im Leben etwas zu tun haben wollen, denn **»diesmal meine ich es wirklich ernst.«** Gestern war der letzte Tag Ihrer Beziehung. Morgen wollen Sie sich nicht mehr an Ihren jahrelangen Fehler erinnern lassen. Alle Andenken müssen weg!

Schleimige Liebesbriefe und Erinnerungsfotos werden zurückgegeben. In Ihrem neuen Leben – dem als Menschen! – brauchen Sie diesen sentimentalen Mist so wenig wie die Staubfänger, die sich über die letzten vier quälenden Weihnachtsfeste angesammelt haben.

Der richtige Übergabeort für derlei Tinnef ist selbstverständlich der Fußboden.

Schmuck, Auto, Eigentumswohnung oder andere Geschenke in dieser Art behalten Sie allerdings, wenn Ihr Ex-Schatz fordert: **»Dann sei doch bitte auch konsequent!«** – es handelt sich bei ihnen nur um unpersönliche Präsente, und außerdem kann man in ihnen auch **»das Schmerzensgeld sehen, das ich mir nach all dem, was du mir angetan hast«**, redlich verdient und genommen habe.

Rückforderungen

»Ein paar private Andenken wird man doch wohl noch behalten dürfen«, sagt dieser widerliche Mackertyp mit spöttischem Lächeln und rückt die ambitionierten Fotos nicht kampflos heraus, für die Sie sich einst in Sektlaune hatten an den Stuhl fesseln und breitschlagen lassen.

Bei normaleren Sachen spielt man zu zweit »Was gehört eigentlich wem?« Da ist man sich sicher – und zwar beide –, daß man selbst es damals war, der mal wieder dem »Habe-meine-Garfield-Brieftasche-zu-Hause-vergessen«-Partner aushelfen mußte und das Geld nie zurückbekam. Inzwischen ist das strittige Stück zu Ihrem Lieblingspullover avanciert, gehört eigentlich Ihnen selbst, aber uneigentlich dem anderen, meint dieser stundenlang.

Nicht immer leicht fällt die Rückgabe der aufgedrängten »Geschenke«, also vor allem der Kinder.

DIE KUNST DER ZERMÜRBUNG

»Ruf doch mal an!« – Telefonterror

Solange die Beziehung noch existierte, haben Sie sich bemüht, die Telefonnummer Ihres Schätzchens durch ständige Übung auswendig zu lernen:

Flöhchen[16]: **»Ich bin's nur, wollte mal hören ... «**
Krümel: **»Weißt du eigentlich, wie spät es ist!?«**
Flöhchen: **»Genau das wollte ich gerade fragen, weil meine Uhr stehengeblieben ist.«**

Sie wurden gelegentlich falsch verstanden:

Flöhchen: **»Du bist drauf! Das ist doch kein Kontrollanruf, wenn ich mal spontan ... – du hättest ja nicht drangehen müssen.«**
Krümel: **»So wie letzte Woche?«**
Flöhchen: **»Willst du mir jetzt etwa vorwerfen, daß ich sofort zu dir gefahren bin, um zu schauen, ob dir vielleicht was passiert ist?«**

Gut, wenn man (oder frau) Ihr »**unnötiges Geblubber nicht mehr ertragen kann**«, dann sagen Sie eben gar nichts mehr bei Ihren Anrufen:

Frau Wussow: **»Ich weiß genau, daß du es bist, du ... – du ... !«**
Pause. Frau Wussow horcht.
Frau Wussow: **»Bist du das? – Klaus-Jürgen!? – Ich weiß genau, daß du es bist!«**
Herr Wussow: Röchel.
Frau Wussow: **»Du mieses, feiges Dreckschwein!«**

Es sei ausdrücklich darauf hingewiesen, daß man auch Männer anrufen kann.

[16] Diese Paarung kommt sehr häufig vor, vor allem in Grußsendungen (Radio) oder in Kleinanzeigen, die nur Eingeweihte verstehen. Wann ist dieses Buch endlich zu Ende!? Langsam gehen mir die Ersatzbegriffe für »Partner« aus.

Verfolgen

Der psychotherapeutische Wert des Autofahrens ist bekannt. Alle 16 Ventile des Golf GTI sind zum Dampfablassen da. Den Fan des Ehekrachs interessiert vor allem die Möglichkeit, systematisch Streife zu fahren. Wo sucht Ihr Herzchen normalerweise billige Ablenkung, wenn nicht sogar Trost? Sie klappern Kneipen, Freunde, Bekannte, Eltern etc. ab.

Auflauern oder Aufstöbern stehen gleichberechtigt nebeneinander, wenn danach Reinschneien und Szenemachen folgen. Man setzt sich ungefragt zu der gemütlichen Runde, die bis zu zwei Personen klein sein kann, und erzählt die schönsten Anekdoten aus der gemeinsamen Zeit, während man sich zügig vollaufen läßt.

Vielleicht fangen Sie sich schon nach weniger als einer Stunde des Beisammenseins von anwesenden RivalInnen ein paar Ohrfeigen ein. Prima, denn dann wird Ihr Spatzl sich schuldig fühlen, Ihnen alles mit Ausnahme von Tierquälerei verzeihen und Sie gesund pflegen. Als geschlagener Mann sagen Sie: **»Ich liebe dich in dieser Schwesterntracht mit nichts drunter.«** Pflegende Männer spielen Chefarzt.

Der Einsatz von PR und Medien

Richard Burton und Liz Taylor haben über Jahrzehnte die Weltöffentlichkeit mit ihren Ehekrächen unterhalten. Der eine diffamiert in Interviews den anderen, der seinerseits Gerüchte streut.

Dick: **»Und was hast du der ›Quick‹ über mich gesagt?«**
Liz: **»Deine Enthüllungen im ›Penthouse‹ konnte ich schließlich nicht einfach so stehen lassen.«**
Dick: **»Jetzt red dich bloß nicht raus. Da steckt doch dein Agent dahinter.«**
Liz: **»50 % haben sie mir ohnehin in den Mund gelegt.«**

Kaum sitzt man aber beim 14ten Drink an der Bar und ist mit der Vorversöhnungsarbeit befaßt, knöpft sich Richard einen Pressefritzen vor und verdrischt ihn. Danach geht's mit der Taxe heim ins Hotel zur Friedensnacht im Lotterbett.

Vielleicht interessiert sich die Kampfpresse momentan noch nicht für Sie. Befolgen Sie meinen Rat: Werden Sie einfach prominent! Dann können Sie obendrein Ihren süßen Fratz runtermachen, weil er immer noch ein Niemand ist.

Presse

SO BEENDET MAN EINEN KRACH

Der Krach mit Überlänge

Die Versöhnung macht keinen rechten Spaß, wenn man inzwischen vergessen hat, warum man sich eigentlich haßt. Dieses Problem ist besonders in Beirut und Nordirland sehr verbreitet. Legen Sie also eine Aktennotiz an einer Stelle ab, die Sie garantiert nicht vergessen werden, und dann können Sie beruhigt die nächsten zwei Jahre kein Wort miteinander wechseln – Ihr Gedächtnis kann es mit dem nachtragendsten Elefanten aufnehmen. Sind Sie sich aber auch sicher, daß sich Ihr Liebling nach dieser langen Zeit noch erinnern wird – diese gehirnamputierte Knalltüte?

Überlänge wollen wir aus Sicherheitsgründen vermeiden. Das ganz, ganz große Gefühl der Versöhnung, mit Gänsehaut und allen Schikanen, erfordert eine möglichst extreme Fallhöhe: Weißglühend vor Haß springen Sie in den erfrischenden Ozean der leidenschaftlichen Liebe, oder etwas in der Art. Daher sollten Sie vermeiden, das Vorspiel des Krachs so lange herauszuzögern, bis es zur leidenschaftslosen Routine verkommen ist.

Nicht ganz 50 ways to leave your lover

»Ich geh mal grad runter Zigaretten holen.« Und dann ward er – oder sie, denn auch Frauen rauchen gern R6 – nie mehr gesehen. »Bennistern« heißt diese prächtigste all der fast 50 ways, den Lover zu leaven, benannt nach ihrem Erfinder, einem Amerikaner namens Bennister, einem Vorbild, obwohl er Raucher war.

Der schöngeistige Haushalt bevorzugt den progressiven Ductus: »**Du, ich brauche ein bißchen Distanz, um alles voll zu realisieren und reflektieren.**« Es wäre »**echt vielleicht gut, wenn wir uns mal eine Weile nicht so oft sehen würden.**«

Auch den Rausschmiß sollten Krach-Fans immer mal geschickt einsetzen. Sie brüllen aus dem Fenster: »**Das da unten sind alle Klamotten, mit denen du meine Wohnung verschandelt hattest.**« Und verstopft. Mietfrei!

Natürlich ist die Trennung als Teil des Ehekrachs nur ein dramaturgischer Trick aus der Requisite! Bald schon und dann plötzlich steht der gegangene Intimpartner wieder auf der Matte, Versöhnungsgeschenk in der Hand und effektvoll nach Worten ringend[17]. »**Sag nichts**«, flüstert man auch in dieser Situation und tut so, als sähe man die Sachlage ähnlich: »**Endlich!**«

Auch beim Rausschmiß geht es im Kern um das Zurückkommen: Der gegangen wordene Teil erscheint in Demutsgeste und verspricht, ab jetzt vernünftig zu sein, also alles zu tun, was man von ihm (oder ihr) verlangt – und wird gleich zum Beweisantritt ins Bett gezerrt. Kommt er nicht freiwillig zurück, so kann der Rausschmeißer sich nach ausreichender Bedenkzeit an den Rausgeschmissenen ranschmeißen.

Noch ein paar Hinweise auf eine leider noch viel zu seltene, zugegeben schwierige Trennungsmethode, die Sie unbedingt mal ausprobieren sollten, auch wenn ihre Gefahren in der Presse immer überzogen dargestellt werden: Tabletten lassen sich mit einem Minimum an Fingerspitzengefühl sehr wohl genau richtig dosieren, und ein Sprung kann ja aus dem maximal zweiten Stock erfolgen, möglichst ins Sprungtuch, um nicht nur die Pillen gerade noch zu überleben. Bedenken Sie auch, daß nicht jeder gesunde Lebenspartner Gefallen an erotischen Spielen mit noch entstellten Rekonvaleszenten findet. Ganz abzuraten ist von der Selbstverbrennung, weil dies häßliche Streifen auf Video macht.

Wann haben Sie sich eigentlich das letzte Mal scheiden lassen? Über Monate und Jahre erstreckt sich dieser besonders aufwendige Ehekrach, der allerdings nicht billig ist. Nach der Scheidung kann man einander erneut heiraten, auch um im Familien- und Bekanntenkreis zum Gesprächsthema Nummer eins zu werden.

[17] Leider aber zu selten von innen beleuchtet.

Vorteile der Trennung

»Du kannst dir nicht vorstellen, wie froh ich bin, daß dieser Alptraum endlich vorbei ist!« Man hat Pläne: **»Jetzt werde ich erstmal so richtig ...«** – Die Pauke steht zum Draufhauen schon bereit, Fässer wollen geöffnet werden. So vieles war so lange unterdrückt worden. Es gibt unendlich viele offene Möglichkeiten nach einer solchen Wiedergeburt, nur eines wird man bestimmt nicht tun: **»Einen solchen Fehler wie Bernd begehe ich nie, nie wieder!«**

Freunde, Kollegen, Eltern hören zu, notgedrungen, und werden von Ihnen gebeten: **»Tu mir nur einen Gefallen: Erwähne diesen Namen nie wieder, wenn ich dabei bin.«**

Bis zu drei Tage hält das Gefühl der Befreiung an. Dann haben Sie es satt, endlich auf niemanden mehr Rücksicht nehmen zu müssen.

Genau null Tage lang übrigens währt die Bereitschaft Ihrer Mitmenschen, sich nach einer Phase der Schimpftiraden erbauliche Geschichten aus der glücklichen Vergangenheit anzuhören und 14mal pro Stunde die Frage beantworten zu müssen: **»Glaubst du, daß ich einen Fehler gemacht habe?«**

DIE HOHE SCHULE DES NACHGEBENS

Großzügig nachgeben?

Der Klügere gibt nach. Dabei sollte er aber den Dummen nie fühlen lassen, wer der Klügere ist, weil selbst besonders Dumme dann nachrechnen könnten, wer nur noch zur Besetzung der Planstelle des Dummen übrigbleibt.

Zärtlich und dankbar schmiegt sich das Spatzl an seinen verzeihenden Partner, wenn dieser vorschlägt: »**Schwamm drüber, reden wir nie wieder davon!**«, ein Angebot, das nicht nur von Unschuldigen, sondern auch von Schuldigen kommen kann, wenn nämlich der Paarungsinstinkt das Denken dominiert.

Läuterung und Schmus

Über Fehler muß man offen reden: »**Wir haben beide Fehler gemacht. Aber ist das nicht etwas ganz Natürliches?**« Nein, so leicht wird es einem nicht gemacht. Noch ein Anlauf: Man nimmt sich ein leises wenig zurück und fragt nachdenklich: »**Haben wir nicht beide Fehler gemacht?**« oder lenkt im Notfall ein: »**Ich habe Fehler gemacht!**«, und »**Du hattest recht!**« Brav.

Machen Sie ein paar Vorhaltungen, weil die Gelegenheit so günstig ist, und niemand sie durch Widerspruch zu versauen wagt: »**Wenn du auf mich gehört hättest ...**«, wäre das alles nicht passiert und »**uns beiden erspart geblieben.**« Schon neckt man sich wieder: »**Da sieht man, was passiert, wenn du die Entscheidungen triffst.**« Dabei: »**Du hättest mich fragen können.**« Nächstes Mal.

Glücklicherweise: »**Ich habe aus alle dem gelernt**«, unheimlich viel sogar, »**ich bin gewachsen.**« Ein kleines Beispiel läßt diese Behauptung weniger abstrakt erscheinen: »**Ich kann ohne dich nicht leben!**« Auch ein anderes Lernziel wurde durch den nun abgeschlossenen Feldversuch erreicht: »**Da wurde mir klar, was du mir bedeutest.**« Noch ein Detail zum Aufbau des Experimentes: »**Ich habe (auch) gelitten.**«

Das muß erstmal reichen. Jetzt überprüfen Sie, ob Ihr Schmalz angenommen wird. »**Hast du mich (noch) lieb?**« Der (oder die) Angesprochene sieht ins eigene Innere. Sie legen nach: Die Zukunft wird anders sein – »**Versuchen wir's noch mal miteinander!**« – oder an vergangene Zeiten gemeinsamen Glücks nahtlos anknüpfen, wenn der Beziehungsnostalgiker »**uns noch mal ganz von vorn anfangen**« läßt.

Skepsis ist nicht nur beim Gebrauchtwagenkauf angezeigt. »**Ich weiß nicht, ob ich jetzt schon stark genug dafür bin.**« Doch man soll das Risiko auch nicht überbewerten, denn schließlich »**werde ich auch bestimmt nie wieder ...**«, denn, wissen wir schon, »**das liegt jetzt hinter mir**« und damit »**jetzt alles nur noch an dir.**«

Man reicht dem seit gerade »**ganz, ganz anderen Menschen**« die vor Aufregung feuchte Hand der Versöhnung.

Die Kunst der Entschuldigung

Die Resistenz Ihrer großen Liebe gegen Entschuldigungen baut sich langsamer auf als die gegen Penicillin, trotzdem sollten Sie mit Entschuldigungen in hoher Dosierung haushalten. Das dürfen Sie keinen Augenblick vergessen, wenn Sie sich entschuldigen.

Und was ist, wenn man Sie um Verzeihung bittet? Dünne Entschuldigungen lassen wir nicht durchgehen: »**Niemand kann über seinen Schatten springen**«, eine nicht gerade neue Erkenntnis. Auch mit rhetorischen Künsten lassen sich nur Unerfahrene oder Ausgehungerte einwickeln, die gesündere Mehrheit der Fälle fordert Beweise jenseits der Erich-von-Däniken-Grenze. »**Woher soll ich wissen, daß du dich wirklich änderst?**« Der Mensch ist in dieser Sache neben dem Rastertunnelelektronenmikroskop immer noch das zuverlässigste Meßinstrument: »**Das mußt du einfach spüren.**« Doch leider hatte man sich die Meßwerte der letzte Male aufnotiert. Man würde ja an die Quadratur des Kreises glauben, »**wenn es das erste Mal gewesen wäre, daß du ...**«. Das war es zwar nicht, dafür aber: »**Es ist aber das letzte Mal gewesen!**« und deswegen: »**Vergib mir!**« Wie sagt man da? »**Was?**« Wie sagt man da? »**Bitte, bitte.**« Na also.

Sollten Ihnen die Entschuldigungen zu früh kommen oder zu penetrant sein, so herrschen Sie Ihr bestes Stück an: »**Hör endlich auf, dich dauernd zu entschuldigen und mich mit diesem Blick anzusehen.**«

Freut sich der Dritte?

Meist fängt es mit Ausweinen und geheucheltem Verständnis an und endet in entschiedener Umarmung, letztlich also auf fremden Matratzen. Doch findet Ihre bessere Hälfte hier Befriedigung über den Tellerrand des heutigen Abends hinaus? Wohl eher nein, ganz sicher aber baut sich ein schlechtes Gewissen auf, selbst wenn – vorbildlich – das Kondom vor der Benutzung ausgewaschen worden war.

Reuig kommt Ihr Herzchen bald schon zurück bis angekrochen, und Sie machen Vorhaltungen: »**Daß es gerade diese Niete sein mußte!**« Mit der Antwort beschäftigen Sie sich besser nicht zu lange, denn »**ich habe halt keinen außer dir**« könnte ja auch heißen, man (oder frau) findet keinen anderen Dummen, egal wie sehr die eigenen Ansprüche heruntergeschraubt worden sein mögen.

Okay, vergeben und vergessen. Die Versöhnungspaarung beginnt, unterbrochen von einer letzten Wissensfrage, ob die Konkurrenz »**wenigstens gut im Bett war?**« Fünf Sekunden Bedenkzeit. Kommt immer noch keine Antwort, faßt der Frager seine Frage sicherheitshalber lieber als eine rhetorische auf und sagt in die Stille hinein: »**Bitte, sag jetzt nichts.**« Gerne.

Quizkandidaten aus dem Diplomatischen Dienst antworten auf die Frage nach dem Vergleich mit dem Seitensprung ausweichend: »**Laß uns einfach nur nebeneinander liegen.**« Geschickt wird so die Lüge umschifft, und der andere glaubt, man wolle ihn nur nicht über den Klee loben, also in der Übersetzung: »**Ich verstehe.**« Und wer könnte das schon von sich behaupten, außer Menschen, die füreinander bestimmt sind? Vom Schicksal.

In diesem Zusammenhang ein Wort an LeserInnen, die sich gern selbst als lachender Dritte(r) versuchen wollen. Gelegenheit gibt es genug, und bei einer solchen mischt man sich möglichst frühzeitig in den Ehekrach von Felix und Paola ein, weil man schon immer scharf auf Felix und Paola war und vermeiden will, daß eine andere Tröstungsadresse den Vorzug bekommt. Ob man es nun mit Felix oder mit Paola machen darf – ist doch egal, wenn einem dieses Niveau liegt.

Doch waren die beiden eben noch mit Bowie-Messern aufeinander zugegangen, so richten sie die Klingen nun in eine andere Richtung – gegen den gemeinsamen Feind, gegen Sie, den Schlichter, und pöbeln Sie an: »**Wir kommen sehr gut alleine klar.**« Ihr Pech. Spätestens vor Gericht schwören die Liebenden, es habe sich um gemeinsame Notwehr gehandelt. Und da hätten sie keinen Spaß verstanden. Am nächsten Tag hätte es ihnen dann aber leid getan. Der Einmischling zählt traditionell zu den unbeliebten Minderheiten.

Kuhhandel

Je schärfer Ihr Partner auf die Versöhnung ist, desto eher sieht er ein, daß »**nie einer allein schuld an sowas sein kann.**« Sie haben keinen Widerstand gegen Ihren Versöhnungsvorschlag zu fürchten, aber der erste Schritt kann noch dauern: »**Ich würde ja, wenn du dafür ...** « – Was genau man nun von Ihnen verlangen kann, das ist Verhandlungssache.

Wenn Sie Ihr Schätzchen gnadenlos über den grünen, runden Tisch ziehen, so wird er schon bald wieder einen Grund zu einer Neuauflage des Ehekrachs haben.

GESCHENKE UND VERSPRECHUNGEN

Menschenopfer

Besonders gern angenommen werden in allen gesellschaftlichen Schichten Menschenopfer, vor allem der oberen Preiskategorie. Der (oder die) so Beschenkte hatte es unterschwellig schon immer gewußt, daß sein Herzchen allein nicht so böse hätte sein können, wie es war. In der Tat, »**ich bin nun mal** ...« – ja, wissen wir schon ...:

labil
leichtgläubig
gutmütig.

Alles Eigenschaften, die von skrupellosen MitbürgerInnen ausgenutzt werden, schamlos. Und wirklich: »**Du kennst mich ja. Und als Heidrun mich dann immer und immer wieder ...**« Da muß man ja weich werden. »**Und dann hat sie so lange auf mich eingeredet, bis ich es selbst schon geglaubt hatte. Und dann konnte ich nicht mehr zurück.**«

Stellen Sie Ihren Seitensprung oder Ihren bisherigen Ratgeber als falschen Freund, als frustrierten Anstifter dar, der Sie verblendet und wider Ihr tieferes Empfinden in einem Moment der Krise aufgehetzt hatte.

Inzwischen hängt der Sündenbock unschädlich und ausgeblutet in der Räucherkammer. Sie sind »**gründlich bekehrt**« und hoffen: »**Verzeih mir dieses eine Mal. Bitte!**«

Kurz: Sie und Ihr Partner sind beide gleichermaßen Opfer, weil zu gut für diese Welt.

Konventionelle Geschenke

Mehr noch als bei anderen Anlässen will das Geschenk zur Versöhnung sorgfältig ausgesucht sein, weil es sonst leider oft symbolisch, also krumm genommen wird: »**Was willst du mit diesem Stück Kernseife andeuten?**«

Das meiste Mißtrauen erregt, wer zu teuer schenkt. Der Verdacht liegt nahe, daß bisher nur die halbe Wahrheit ans Licht gekommmen ist. Eine schlichte Packung Ritter Sport andererseits provoziert leicht. Man kann aber mit aufwendigem Geschenkpapier und schmucken Schleifchen viel abfedern. Und mit Mon Chérie hat auch noch niemand etwas falsch gemacht.

Besonders preisgünstige Versöhnungsgeschenke

Auch raffgierigen Naturen können Sie einreden, daß es in erster Linie um den ideellen Wert eines Geschenkes geht. Was ist ein handelsüblicher Brillantring gegen ein selbstgeschriebenes Gedicht mit mundgemalter Illustration, vor allem, wenn sie von einem vollkommen gesunden Menschen stammt? **»Ist das wirklich von dir?«** Nein, da stand doch gerade: »gesunder« Mensch.

Für EntschuldigerInnen ohne künstlerische Begabung hält die Postkarten- und Aufkleberindustrie in einschlägigen Verlegenheitsbedarfsfachgeschäften einige standardisierte Selbstbezichtigungen bereit, die man gemeinsam mit einem ebenfalls preisgünstigen Symbol der Reue und Versöhnungsbereitschaft überreichen oder zustellen lassen kann. Zur Packung Ferrero Küßchen mit langstieliger Fleurop-Rose heißt es dann in der Garfield-Sprechblase:

»Ich habe einen Fehler gemacht. Entschuldigung.«
»Liebe ist, wenn man vergessen kann.«
»Liebe ist, wenn man sich ohne Worte versteht.«

Immer passend zur Versöhnung sind branntweinhaltige Getränke, die man gemeinsam wegsäuft, um sich für die Wiedervereinigung zu lockern.

Aber der absolute, klassische Preisschlager ist immer noch:

Komplimente

Hier eine kleine Auswahl einschlägiger Satzanfänge, die in beliebigen Kitsch münden können:

»Du bist heute wieder so ...«

»Habe ich dir eigentlich schon mal gesagt, daß ...?«

»Kein Vergleich, glaub mir!«

Versprechungen

»Nie wieder« wird sich das Unerwünschte wiederholen, und **»ganz bestimmt«** wird sich **»ab jetzt«** so ziemlich **»alles ändern«**.

Halten Sie Ihre Versprechungen so grundsätzlich wie möglich, bei zu konkreten Schwüren gibt es erfahrungsgemäß böse Komplikationen bei der Auslegung. Achten Sie darauf, daß keine Zeugen anwesend sind, und unterschreiben Sie nichts!

Besonders gern wird neben Sternen auch das Blaue vom Himmel versprochen. Regelmäßig kommt es wegen Lieferschwierigkeiten zu unangenehmen Reklamationen.

DER GROSSE MOMENT DER VERSÖHNUNG

Die überraschende Versöhnung

Auch die sorgfältigste Krach-Planung kann nicht immer verhindern, daß Sie von der Versöhnung kalt erwischt werden. Sind Sie wenigstens einigermaßen darauf vorbereitet?

Für den Fall des Eventualfalles sollte die Dame immer eine Versöhnungsgarderobe zum Wechseln mitführen, die ja leicht ins Portemonnaie paßt. Hinter einem Strauch, in einem Hauseingang, im Auto oder auf einer öffentlich zugänglichen Toilette kann sie sich unbemerkt für den festlichen Moment umkleiden.

Auch Herren stünde es gut an, auf die Unterwäsche zu achten, sie nämlich im Stichzeitraum häufiger als sonst zu wechseln, etwa alle Woche z.B. Denken Sie als Mann auch an überdeckende Parfüms und Stimorol-Kaukissen!

Die genau getimete Versöhnung

Der festliche Rahmen unterstreicht die Bedeutung, die Sie dem Moment der Versöhnung beimessen.

Glücklich die, die erst vorhin beim Friseur waren. Auch die Fingernägel wirken makellos abgekaut, die Haut ist gesalbt und die dichte Behaarung der Schienbeine gelichtet. Brautkleid und Konfirmandenanzug verleihen Ihren Worten Gewicht bis ins Markerschütternde. Vor allem ein Lebensgefährte, der nicht mit Ihrer einlenkenden Geste gerechnet hatte, ist nun zu allem bereit, und mehr.

Wer könnte da noch widerstehen, sich verweigern? Jedenfalls nicht Ihr Schatzi – und dies um so weniger, wenn Sie ankündigen, heute, an Ihrer beider großem Tag, würden Sie endlich ein uraltes Versprechen wahr werden lassen. **»Oh nein! Wirklich? Das kann ich nicht glauben! Du machst mich zum glücklichsten Menschen der Welt.«** Längst hatte man von dessen Einlösung nicht mehr zu träumen gewagt! Und doch: Sie gehen gemeinsam ins Kino oder teilen sich für einen Tag in der übernächsten Woche die Hausarbeit.

Es darf also geweint werden. Denken Sie einfach an Nena, Romy Schneiders tragisches Schicksal, Antje Vollmer, sich selbst oder Kalkutta. **»Nicht doch, jetzt ist doch alles wieder gut!«** wird da beschwichtigt. **»Ich weine ja auch vor Glück!«**

Kondome schützen

Können Sie die üblichen Versöhnungspraktiken genießen, wenn Sie nicht rechtzeitig an die Folgen gedacht haben? Nein. Schließlich nimmt die Idee der Verantwortung eine zentrale Stelle in Ihrer Welt ein.

Gerade nach einem Krach sollte man sicherheitshalber Kondome benutzen. Ja, grundsätzlich! Schon um die romantische Atmosphäre nicht zu gefährden, denn nichts ist schlimmer, als vor der eigentlichen Wiedervereinigung fragen zu müssen: »**Du sag mal: Als du so ... äh – sauer warst auf mich, naja – ich meine – hast du da eigentlich ...**?« Und wenn ja: mit wievielen, und wie wurden vielleicht Körperflüssigkeiten ausgetauscht? »**Nicht daß ich dir mißtraue, aber wir wollen uns ja als echte Partner ...**« – So vorbildlich das ist, so sehr leidet doch auch die Stimmung darunter.

Nun zur Praxis: Entweder verteilen Sie die Gummihütchen überall in der Wohnung, damit Sie die Jahrhundertchance nicht vergeigen, sich auch mal außerhalb des Bettes zu paaren. Oder Sie befestigen eine ausreichende Menge der praktischen Verhütungsmittel mit Tesafilm in Ihren Kniekehlen, denn sie sollten in jeder exotischen Stellung griffbereit zur Hand sein.

Stimmungsträger und die Praktiken des Vorspieles

Als weitere unumgängliche Ausrüstungsgegenstände stehen auf Ihrer Strichliste: Endlosband für den Kassettenrekorder mit »unserem Lied«, was meist von Phil Collins sein dürfte. Und: ausreichender Vorrat an Spirituosen. Sie kommen Ihrem Ziel übrigens schneller nah und näher, wenn Sie den Wein schon vorher öffnen und mit reinem Äthylalkohol aus der Apotheke zu einem besonders potenten Jahrgang aufgießen.

Hoffentlich haben Sie Ihre Entschuldigungsformeln auswendig gelernt. Der Kniefall in Warschau, Canossa oder sonstwo – sowas muß sitzen! Auch aus protokollarischen Gründen.

Geben Sie sich zaghaft und verschüchtert, wenn Sie den ersten Schritt in die körperliche Versöhnung tun. Es muß wirken, als übermanne Sie das Romantische an sich und als solches. Nicht gleich zwischen den Oberschenkeln herumfummeln, und auch nicht naß mit der Zunge küssen! <u>Erstmal</u> nicht.

In dieser besonderen Liebesnacht denken Sie ausnahmsweise mal an etwas anderes als Ihren Terminkalender, die Hypothek, die Borussen aus Mönchengladbach, das höhere Taschengeld Ihrer Nachbarinnen oder die schönsten

Angebote des aktuellen Bader-Kataloges. Reden Sie sich stattdessen ein, dies sei das erste Mal – mit Turteln, Dimmer, Petting, Nachschütten, Fernseher aus, Vorspiel.

»Darf ich dich über die Hemmschwelle tragen?« – »Aber nur, wenn du nichts schmutzig machst.« – »Die Hemmschuhe kann ich ja ausziehen.«

Sie stehen kurz vor dem Moment größten Glücks, wenn der Prinz bzw. die Prinzessin in Ihren Armen haucht: **»Au ja, erreg mich – so wie früher!«**

Und dann, zum guten Schluß, endlich am Ziel jeden Ehekrachs angekommen, mischen sich die salzigen Tränen der Verzeihung mit den salzigen Schweißperlen der Leidenschaft – welche man gern vor die Säue wirft, die es spätestens jetzt rauszulassen gilt.

Bei der Zigarette danach lassen Sie gemeinsam noch einmal den ganzen Krach Revue passieren – und lachen darüber.